刘永华 著

中国古代军戎服饰

清华大学出版社
北京

版权所有，侵权必究。举报：010-62782989，beiqinquan@tup.tsinghua.edu.cn。

图书在版编目（CIP）数据

中国古代军戎服饰 / 刘永华著. —北京：清华大学出版社，2013（2023.7重印）
ISBN 978-7-302-30594-1

Ⅰ．①中… Ⅱ．①刘… Ⅲ．①军服—中国—古代 Ⅳ．①E291

中国版本图书馆CIP数据核字（2012）第266327号

责任编辑：徐　颖
装帧设计：李文建
责任校对：王荣静
责任印制：杨　艳

出版发行：清华大学出版社
　　　网　　址：http://www.tup.com.cn，http://www.wqbook.com
　　　地　　址：北京清华大学学研大厦A座　　　邮　编：100084
　　　社 总 机：010-83470000　　　　　　　　　邮　购：010-62786544
　　　投稿与读者服务：010-62776969，c-service@tup.tsinghua.edu.cn
　　　质 量 反 馈：010-62772015，zhiliang@tup.tsinghua.edu.cn
印 装 者：天津鑫丰华印务有限公司
经　　销：全国新华书店
开　　本：185mm×240mm　　印　张：20　　字　数：278千字
版　　次：2013年3月第1版　　印　次：2023年7月第7次印刷
定　　价：99.00元

产品编号：043860-03

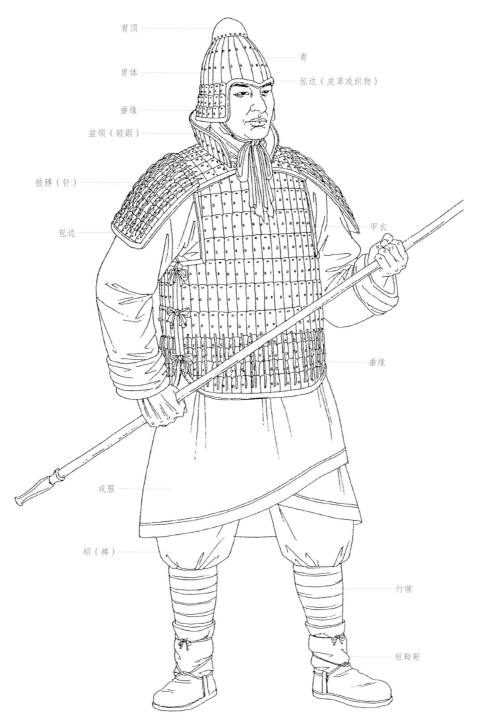

早期铠甲各部件名称示意图

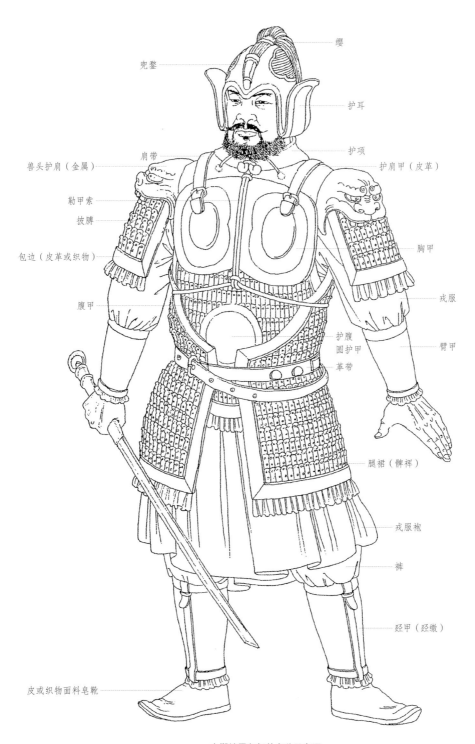

中期铠甲各部件名称示意图

后期铠甲各部件名称示意图

序

　　清华大学出版社出版刘永华君所编绘的《中国古代军戎服饰》，嘱我作序。刘君毕业于上海戏剧学院，原从事舞台美术工作，因曾协助周锡保绘制《中国古代服饰史》的插图，对中国古代服饰已有所了解。1986年由于中国人民革命军事博物馆委托设计古代武士蜡像，不想激发了他对古代军戎服饰的兴趣，从此悉心经营，在上海青年学术资金的资助下，于20世纪90年代初编成《中国古代军戎服饰》一书，由上海古籍出版社出版。因为刘君用其所长，在书中绘制了几十幅古代军戎服饰的复原图，色彩艳丽，形象生动，不仅吸引了范围广大的一般读者的注意，更对从事舞台美术设计的人们影响深远。甚至被缺乏版权常识的人复制、转载，我就曾见到一本某古籍出版社出版的叫《中国古代兵器图说》的书中，把刘君所画的复原图未注明原作者全盘收入书中，只是把彩图变成了黑白图。虽属侵犯原作者权益的不当行为，但也从另一个侧面看出刘君创作的图画，在广大民众中影响之深远。现在刘君又增添了新的文物资料，对原书重作修润，由清华大学出版社精心再行设计版式，以新的面貌展现在读者面前，我想应会掀起舞台美术工作者和群众新的阅读热情。

　　自20世纪20年代以来，老一辈考古学者开始在祖国大地进行科学的考古调查发掘。新中国建立以后，由于人民政府的重视，考古文物工作更加蓬勃开展，经过广大考古文物工作者六十余年的辛勤努力，获得了数量众多的具有学术价值的考古学标本。利用这些考古学标本，可以开展许多方面的学术探究。在文史研究领域，自20世纪著名学者王国维倡导"双重证据法"以来，选取考古学标本，结合历史文献考证，研究有关学术课题，已成为广大文史研究者的共识。随着科学的田野考古发掘的进展，所获得的考古标本虽然日趋丰富，但是还远达不到想解决什么问题，就能找到相应的标本，因此真正的考古学者，必须严格遵守学术规范，只论述准确的目前考古标本可以解决的问题。对古代文献的征引，也必须经过认真缜密的考证。因此对中国古代的服制或甲胄，实事求是的学术研究成果，尚难顺应社会上方方面面的不同要求。尤其对艺术范畴的各类艺术创作，特别是一些想表现古代题材的视觉艺术作品，诸如戏剧、电影、电视，乃至电子游戏中的人物形象，更是如此。面对这种难题，导演不外有两种对策。那些现实主义创作态度严肃的导演和创作态度同样严肃的舞美工作者，采取尽量符合历史真实的造型，虽然这是非常困难的选择。记得在20世纪80年代，导演谢晋曾经准备拍摄一部关于三国题材的影片，为其作舞美设计的是金绮芬女士，他们曾多次和我及中国社会科学院考古研究所的乌恩等同志研讨，总想尽可能恢复历史的真实情景，例如谈到在三国时期骑兵还没有装备双鞍桥马鞍和马镫时，我们想这件事可以通融，因为国外著名的表现罗马的历史片中，虽然罗马时没有马镫，影片中也还是使用了马镫，以迁就今日缺乏马镫就难以驾控马匹的演员。但是谢晋导演表示要坚持如实反映历史的真实，他有办法，一定会让不用马镫的三国时骑兵出现在银幕上。可惜那部影片到谢晋仙逝并没有拍成。与之相反，另一些影视作品的舞美设计就缺乏这种精神，在一部关于"三国演义"的电视连续剧中，导演任由饰演曹操、周瑜、关羽的演员，披挂上比他们迟几个世纪的异国样式的铠甲，兜鍪（头盔）额前插饰只有日本镰仓时代"大铠"使用的双叉角的"锹形"饰件，胸前左右垂着模拟日本"大铠"的"栴檀板"与"鸠尾板"，这种缺乏历史常识和缺乏民族尊严的做法，不能不令人气愤。由此看来，刘永华君的工作是很有意义的。他所绘制的姿态生动的想象复原画像，对缺乏中国古典文献和古代文物知识的人群，可以灌输许多有益的关于中国传统文化的知识。因为比起严肃的考古学和文史学科的论文来，这些精美的图画自然容易吸引人们的兴趣，可以从中获取一些关于中国古代文化的信息。

  前些年《读书》杂志曾经掀起过关于考古报告"围城"的讨论，觉得考古报告一般人难以读懂，人们想进这座"城"却进不去，以致大量的经科学发掘获得的考古标本无法被人利用，甚感苦恼。看到刘永华君依据了考古标本和有关学者的研究，转化为他自己的新的艺术再创作，不禁觉得这也可能是解决所谓考古"围城"的办法之一吧！作为考古"围城"城里的人，我们自己是必须严格遵守有关的学术规范，考古复原只能是恢复对考古标本被损毁部分的原状，不能发挥艺术的想象力，难以迎合社会上演艺的需求。这就需要有人进行另一种转化工作，架起学术资料与社会需求间的桥梁，刘君这些经过充分的艺术再创造的生动造型，正可以起到应有的作用。如果这本书再能引起读者更进一步的兴趣，引导他们自己去寻找阅读有关的考古学术著作，检索古代文献，从而真正了解古代社会生活的原貌，那就更有意义了。

每一本书，不论作者自己多么努力，总还会留有一些缺点。刘君的书自然不会例外，我们也不必按考古学和军事史学的专业标准去衡量。正如研究中国古代建筑史的学者，对现已不存在或仅只发掘出基址的古代建筑绘出的复原图一样，都只代表学者的个人观点。刘君创作的图像也不例外，也只能是个人的看法。总之，这部图册是刘君多年对中国古代军戎服饰钻研的心血的结晶，虽非没有缺陷，还可算瑕不掩瑜，值得读者欣赏。

是为序。

杨　泓

2012年9月18日

前　言

在中国灿烂的文化遗产中，有一批至今还鲜为人知的珍贵瑰宝，这就是中国古代的军戎服饰。

军戎服饰按现代的说法就是军服。现代的军服相对比较单纯，主要由服装和表明军衔、军种的标识组成；而在古代，则至少包括两大类型的服饰：一是戎服，一是防身护体的甲胄。

戎服是军人在军营内和日常生活中穿着的便服，武官除这类服饰外有时还要加上一些表示官职的官服。

甲胄是军人作战时用于防护的装备（有时在一些重要典礼上也使用），如根据它的制造材料和作用来分类，应属于兵器一类。但由于甲胄是穿戴在军人身上的，直接影响到军人的服饰造型，所以它又是军戎服饰的重要组成部分。

封建社会的军队作为政权的支柱，在国家政治中始终占据着举足轻重的地位。历朝历代的帝王、政治家无一不对军队的建设给予高度的重视，这其中自然包括督造、制定最能发挥军队战斗力、便于指挥的军戎服饰和服饰制度。所以中国古代的军戎服饰是比较系统、规范的服饰，这种系统和规范的程度，能体现出历代的战争、军队的建设和武官制度的发展演变。

军戎服饰具有明显的时代特征。这些特征有的体现了统治阶层的政治需要和封建帝王的个人好恶，有的则是受了当时文化艺术及审美倾向的熏陶，是在整个社会风俗、时尚的影响下逐渐形成的。在这些具有特点的服饰中，有一部分后来成为从宫廷到民间，上至王公贵族、下至平民百姓、男女老幼都喜欢穿着的流行时装。少数服饰还曾为前后几个朝代连续采用，流行时间达1000多年，直到今天，在现代服饰中依然可以看到它的痕迹。所以军戎服饰还从各个不同的侧面反映出古代社会的政治文化、宗教艺术等方面的变异与进步。

同时，生产和制造戎服甲胄，在生产力和生产技术还比较落后的封建社会，是一项很重大的经济活动。一般都由皇室和国家最高军事机构直接经营、掌管、部署，他们有权征调和指挥最有技术的工匠和最优良的生产资料，因而这种军备生产一般能代表当时最先进的技术水平。所以，研究中国古代的军戎服饰，不仅具有了解古代军事史的价值，还具有探索古代政治、经济、文化各方面历史的重要价值。

研究中国古代军戎服饰，是从新中国建立以后开始的，其重点集中在甲胄方面，研究的方法基本上是按照兵器研究的范畴来进行的。20世纪50年代以来，全国各地一系列重要的考古新发现，给甲胄的研究提供了最有说服力的实物资料，所以迄今为止，对甲胄的研究是比较系统和全面的。相比之下，对戎服的研究则要薄弱一些。这些年来虽然发表了不少关于深衣、腰带、发式等方面的论文，但都有局限性，而且刊载这些论文的一般都是文化层次较高、专业性较强的杂志，读者面比较窄。再加上这些文章又分别登载在各期、各种不同的杂志、文集上，因此，对这部分研究成果知之者甚少。而几本已出版的古代服饰史著作，对军戎服饰的介绍也比较简略浅显。这种现象与军戎服饰的漫长历史相对照，显得很不相称，因此可以说军戎服饰的研究至今还是一块亟待开垦的文化园地。

我是十几年前由于一项偶然的设计任务而进入这一领域的，当时只是受到强烈的兴趣爱好的驱使，才"初生牛犊不怕虎"地闯进了这座学术殿堂。几年来，在各方面的帮助、支持下撰成的这本书，只能作为一部抛砖引玉之作，期望它的面世能引起更多的专家、学者的注意和兴趣，共同把军戎服饰的研究深入下去。

由于各方面知识水平有限，本书一定有不少疏漏或谬误，恳请读者予以批评指正。书中有很多由我绘制的复原图，都是根据出土实物或参照古籍文献的记载，经过考证后进行的，手法写实，目的是想加深读者对历代军戎服饰的印象，或者提供一些形象的参考以弥补文字叙述的不足，如有不确之处，也请一并予以指正。

刘永华

目 录

商　代 ····· 001

西　周 ····· 013

东　周 ····· 021

秦　代 ····· 037

汉　代 ····· 053

魏晋时期 ···· 075

南北朝 ····· 089

隋　代 ····· 107

唐　代 ····· 121

五代十国 ···· 153

宋　代 ····· 165

辽　代 ····· 191

金　代 ····· 203

西　夏 ····· 213

元　代 ····· 221

明　代 ····· 243

清　代 ····· 275

附　录 ····· 295

参考文献 ···· 301

商 代

约公元前17世纪—约公元前11世纪

- 皮甲
- 铜胄
- 上衣下裳制
- 系额带、梳发辫
- 贵族武士一般穿舄、履；平民、奴隶、士兵，一般赤脚
- 尚白色

图1-1 商代武士复原图

- 衣、裳、舄根据四川广汉商代祭祀坑出土青铜像和石边璋线刻人像复原；
- 胄采用江西新干县商墓出土实物；
- 甲参考河南安阳殷墟遗址遗迹；
- 兵器参照《中国古代兵器图集》。

中华民族的祖先在漫长岁月的进化过程中，通过与自然界的斗争，逐步学会和掌握了最原始的生产方式和生存技能，其中包括缝制衣服。

1927年在北京周口店山顶洞古人类遗址中发掘出一枚骨针，据此推断，山顶洞人在一万八千年前就已经开始用兽皮缝衣服了。

至于用皮革做甲衣来保护身体，《史记·夏本纪》曰："少康崩，子帝予立。"《索隐》曰："作甲者也。"予即杼。杼是夏代（约公元前21世纪—约前16世纪）第七代君，因此，甲似乎在夏前期（约公元前19世纪前后）就已经有了。

而《管子·地数篇》则说甲是蚩尤发明的，并"受庐山之金，而作五兵"（《史记·五帝本纪》集解），同时又是青铜冶炼的发明者。这种说法把甲和青铜兵器的出现，又推前了几千年。究竟哪种说法比较可靠，现在尚无法确证。

1935年在河南安阳侯家庄1004号墓的南墓道中发现了商代的皮甲残迹，出土时皮革已腐烂，只有甲面用黑、红、白、黄四色漆彩绘的图案纹理仍遗留在土上。残迹的最大直径均在40厘米左右，据此认为是整片的皮甲，这是迄今为止发现的年代最早、比较可信的一个实例，时间可以推定为商代后期（图1-2）。

与皮甲残迹同时出土的还有140顶左右的青铜胄，它们和兵器放在一起。

铜胄都是用范浇铸的，合范的缝在胄的正中间，胄顶有竖立的铜管，用于安插羽毛之类的缨饰，胄的左右两边和后脑部向下延伸，用以保护耳、面颊和后项。胄的剖面为"○"形，表面都经过打磨，但是里面却很粗糙。这说明胄的里面是有织物或皮革做内衬的，否则不堪使用（图1-3①②）。

图1-2 河南安阳出土的皮甲片残迹，录自"中央研究院"历史语言研究所《小屯遗址的发现与发掘》1970年版

① 圆葵纹胄

② 饕餮纹胄

铜管安插饰物之甲

图1-3 河南安阳出土殷代青铜胄，见《殷代铜器》，《考古学报》1954年第7期图版34

除了安阳出土的铜胄外，近年在江西新干县大洋洲乡商墓也出土了一顶青铜胄，造型与安阳的略有不同，这是南方地区发现的第一件青铜胄（图1-4）。

由于殷商前后的甲，既没有较为完整的实物出土，又没有发现其他的资料可作参考，因此很难描绘出当时甲的形象，只能根据现在还保存有实物的、20世纪初还在使用的一些原始状态的甲进行推测、想象。这种原始甲胄有两个实例：

图1-4 江西新干县商墓出土青铜胄，江西省博物馆藏

一是20世纪30年代云南傈僳族使用过的皮甲，这种皮甲用两块长约1米的长条形生牛皮相叠、缝合而成，在约2/3处开挖一条舌形缝，沿剖开的缝将1/3的皮革向下折而做成胸甲，另外2/3的皮革与竖起的舌形做成保护后脑、项的颈护和背甲（图1-5）。使用时，将头套入孔内，前后两片用带在腋下系牢（图1-6）。

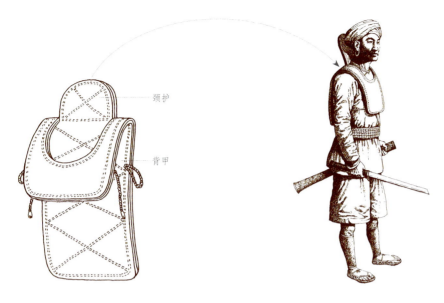

图1-5 云南傈僳族以前使用过的皮甲

图1-6 云南傈僳族皮甲穿戴示意图

图1-7 台湾兰屿耶美人使用的藤甲背面

二是台湾兰屿耶美人用藤条编织而成的藤甲,形如现代的坎肩,穿时在胸前用麻绳系扎。为了增强防护效能,还在藤甲的表面蒙上鲀鱼皮,胄也是用藤条编成的(图1-7、图1-8)。

这两种原始甲胄的制作方法都很简陋,而安阳发现的皮甲残迹,从甲面的彩绘花纹来看,应该比这两种甲胄制作要考究,技术要进步一些。

胄的出土实物较多,进行复原比甲要可靠得多。

商代有没有戎服,现在尚无形象资料可以证实,但根据古文献记载和商代卜辞进行分析和推测,至少在商后期已经具备了。

图1-8 台湾兰屿耶美人原始藤甲胄穿戴示意复原图

原始社会晚期以来，随着氏族部落的不断兼并，战争越来越频繁，规模也越来越大。

商代的卜辞曾记载一次出兵的人数可达3000—5000人，多时曾到1.3万人，并"王作三师（师，商朝军队的基本单位），右、中、左"。[1]《史记·周本纪》中记载，到武王伐纣时，"帝纣闻武王来，亦发兵七十万人拒武王"（七十万人，现代学者认为是十七万之误）。规模如此庞大的军队，又是几支部队配合行动，如果没有统一的服装，指挥起来必定十分困难。

再从商朝军队的组织成分上看，也能发现戎服存在的可能性。

商军的主干是由贵族王室的全体成员组成，贵族包括商王族的本族成员与低于王族的子族阶层成员，师中的士卒则由居住在商都及周围地区的自由民担任。自由民是商军的基本来源，奴隶也有从军的，但只能服杂役，不能编进师中。

根据这种情况，徒兵和杂役没有戎服是完全可能的，但作为师的这部分军人，特别是王族成员，必定有较统一的"兵事之服"。

我们现在虽然不能知道商代戎服的形制，可有一点能基本确定，即这种戎服必定是上衣下裳制。

上古之人为了遮羞蔽体，先在下体前后围以毛皮，是谓"蔽前蔽后"，后又把整张毛皮中间开孔，套入头中做成上衣。

骨针发明后，开始用它把蔽前蔽后两片连缀缝合起来，形成下裳。裳就是现在的裙子，这种衣裳据说到黄帝时"始去皮服布"（《魏台访议》），并"垂衣裳而天下治"（《易经·系辞下》），成为古代服饰的最早形制。

这一点能从1986年在四川广汉商代祭祀坑出土的一座2米高的青铜立人像身上的服饰得到证实（图1-9）。[2]

这尊像铸造精美，除面部、手的造型比较夸张外，其余各部细节都很真实，衣服上的花纹图案和系衣用的绳带、衣纽都刻划得十分清晰，是非常难得的服饰研究参考资料。特别值得一提的是，铜人下裳左右下垂的燕尾形衣裾，与徐州狮子山和陕西咸阳出土的汉代兵马俑上的袍服样式十分相似，这或许是在提醒我

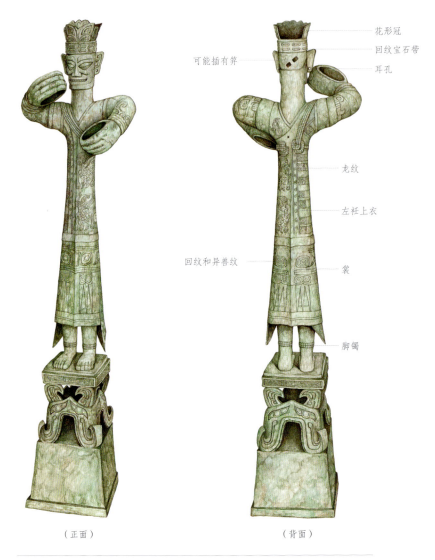

图1-9 四川广汉三星堆遗址二号祭祀坑出土商代青铜立人像,四川省博物馆藏

像高2米,头戴花形冠,束回纹额带,后脑额带下有两个斜方形孔,原来可能插有笄,上穿V形领左衽上衣,衽边似有钮束衣,衣领处有带,从背后绕过左肩斜横胸前系于右腋后。下着裳,裳后两侧垂有燕尾形尖角。衣、裳上都有阴线刻的花纹,衣上为龙纹,裳上为回纹和异兽纹。小腿上戴有脚镯,耳上有孔,原来可能戴有耳环。

中国古代军戎服饰 | 008

们，战国时期和汉代的袍服曲裾正是从商代流传下来的。

河南安阳殷墟遗址也出土过一些玉雕、石雕人像，其衣服也是上衣下裳制（图1-10①②）。因此可以基本肯定，戎服在当时不太可能出现其他新的形制。

我们的祖先，历来没有修剪头发的习惯，认为发肤是受之父母，与生俱来，神圣不可侵犯。所以从很早的时候起，无论男女都要辫发，发辫梳好后，还要用簪笄把它盘起来，从而逐渐形成了各种首饰、冠饰。

商代男子的冠饰主要是额带。

额带又称"頍"（kuǐ）。[3]安阳出土的玉、石雕像和广汉三星堆祭祀坑出土的很多铜人头像上都有这种頍（图1-11、图1-12①②，参见图1-10①）。从这些人像的衣饰造型上，可以分辨出有的是奴隶，有的则是奴隶主。由此可见，商代无论贵贱，都普遍使用它来束发。此外，就是发辫妆束。

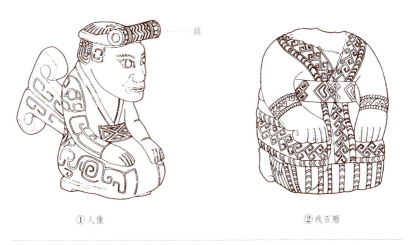

①人像　　　　　②残石雕

图1-10 河南安阳殷墟妇好墓出土玉雕，安阳殷墟博物馆藏

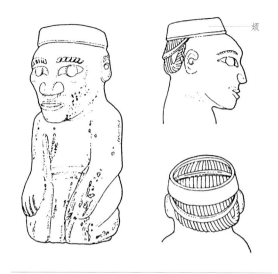

图1-11 河南安阳殷墟遗址出土石雕像,安阳殷墟博物馆藏

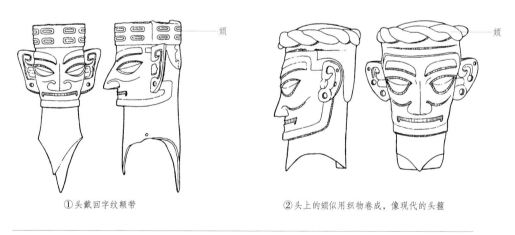

①头戴回字纹额带

②头上的颇似用织物卷成,像现代的头箍

图1-12 四川广汉商代祭祀坑出土青铜头像,四川省博物馆藏

图1-13①的青铜头像，无比清晰地展示了3000多年前，至少在西南地区我们的祖先已经用现代人的方法编结发辫了。发辫编好后，有的像清代那样拖垂背后，有的盘起来，用笄固定在脑后（图1-13②）。

商代之前（包括商代）的人物雕像中，除河南安阳的个别石像和四川广汉的青铜立人像上可以清楚地看出是赤足外，脚部的刻划一般都比较模糊，很难辨别脚上是否

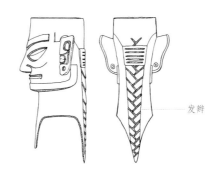

①长发梳向脑后，上端束扎，余发编成辫子

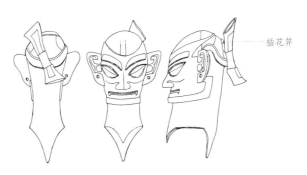

②头发向后梳理，发上似罩有头巾，发辫在脑后盘结，插以蝴蝶形花笄

图1-13 四川广汉商代祭祀坑出土青铜头像，四川省博物馆藏

穿鞋。只有广汉三星堆出土的一件石边璋上，有两个线刻人像，脚上穿着鞋尖翘起的厚底鞋雕刻得十分明显（图1-14）。

鞋在古时候称作"舄""履"。《古今注·舆服》把舄解释为："舄，以木置履下，干腊不畏泥湿也。"舄在三千多年前的人类生活中，是一件奢侈品，只有贵族奴隶主才能享用，一般平民和奴隶，蔽体之衣尚不能具备，怎能顾得上脚下？军队中的贵族武士足下穿舄是完全可能的。

商代崇尚白色。《通典·历代所尚》说："殷人尚白……大事敛用日中……戎事乘翰（白马），牲用白，以白为徽号。朝燕服冔冠而缟衣……"

既然军队的主力都是贵族子弟，而商王、贵族的服饰以白为主，那么戎服很可能也采用白色。白色中肯定也要掺入一些诸如红、黄、黑等其他的配色，既作为服饰图案、镶边的色彩，又能使各师之间的服色有所区别。

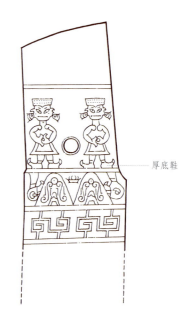

厚底鞋

图1-14 四川广汉商代祭祀坑出土石边璋，四川省博物馆藏

| 西周 | 约公元前11世纪—前771年 |

- 皮甲、青铜甲
- 青铜胄、皮胄
- 韦弁等冠饰
- 上衣下裳制
- 尚红色

图2-1 西周武士复原图

- 衣、裳、舃根据《新定三礼图》韦升服插图；
- 裳前为蔽膝，古时又称韨，用皮革制成，韨上有火、山纹饰，为诸侯使用（天子之韨有龙纹）；
- 胄采用北京昌平出土实物；
- 甲根据陕西长安普渡村出土实物复原；
- 兵器采用北京房山出土实物；
- 佩于腰左侧的玉佩根据河南地区出土实物复原；
- 系于身后的绶参照《三才图会》的插图设计；
- 佩与绶是诸侯法服上必不可少的饰物。

公元前11世纪末，周武王经过牧野（今河南卫辉北）激战，一举击溃了商纣王的军队，建立了西周王朝。

西周是青铜冶铸的发达时期，当时的官府手工业以铸造青铜器为主，王室或大封建主都有自己的青铜器作坊。随着诸侯分封，青铜冶铸技术也传播到全国各地，所以今天在北至辽宁、河北、东到山东、江苏、安徽，南到湖北、河南的广大区域，都有大量的西周青铜器发现。在甲胄方面，比较重要的发现有：

1974年在山东胶县（今胶州）西庵发掘了西周时期的一个车马坑，坑内殉葬一车四马一人，在人头骨部位出土了一组青铜铠甲，一件是胸甲，另两件是背甲（图2-2）。胸甲由左、中、右三片组成，从胸甲周边的穿孔和尺寸来看，可能是钉缀在皮甲胸前的，出土时因衣物腐烂胸甲才滑入头骨位置。两件背甲出土时重叠放置，位于胸甲上方，根据出土位置和放置情况分析，似乎不像是钉缀在甲衣背后的，因此是否属于背甲还值得讨论（图2-3）。

图2-2 山东胶县（今胶州）西庵出土西周青铜胸甲、背甲，山东省博物馆藏

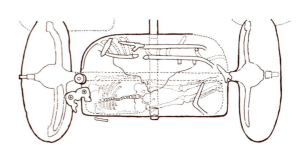

图2-3 胸甲、背甲出土位置示意图，录自山东省昌潍地区文物管理委员会《胶县西庵遗址调查试掘简报》，《文物》1977年第4期

1975年在北京昌平西周木椁墓出土了一件青铜胄，铜胄为素面，造型与商代后期的相比较略有差别（图2-4）。

1984年在陕西长安普渡村18号西周墓中出土了42片青铜甲片，出土时甲片分三组散落于椁室内墓主人脚端及腓骨两侧，经过整理修复，确定是一件铜铠甲（图2-5）。[4]从复原的形制来看，铠甲是比较原始的，出土时很多甲片的背后还黏附着呈粉状、褐色的腐蚀物，很像皮革背面网状纤维朽烂后留下的痕迹。

据此推断，铠甲是以皮革为衬的，这是我国迄今为止经过复原的年代最早的一件铠甲。

除了铠甲，商周时期胄也用皮革制胎体，表面复缀青铜件的方法制造。

1994年在山东滕州发掘的商代晚期、两周早期的墓葬中出土了一批这样的胄：胄用皮革做成帽体，上髹黑或褐色漆，在帽体的前额、顶部和两侧钉有青铜铸件。出土时皮革帽胎也像甲的内衬一样腐烂成粉末了，但青铜铸件均保持在原位上，经复原，形象如图2-6。

上述这些出土实物可以反映出西周时期铠甲已逐渐向金属材料发展，复原的铜甲铜胄就是例证，但这时期皮革仍然是制甲的主要材料。《周礼·函人》上说："函人为甲，犀甲七属，兕甲六属，合甲五属。犀甲寿百年，兕甲寿二百年，合甲寿三百年。"即明白无误地说明了这一点。

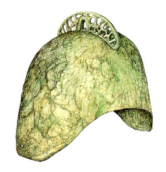

图2-4 西周青铜胄，见《中国美术全集》青铜器专集上，文物出版社1985年版

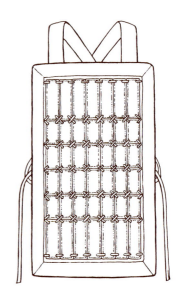

图2-5 陕西长安普渡村西周墓出土铜甲复原图

甲片的四角都开一个孔，甲片编缀时互不叠压，孔眼较大，编缀的材料应是较粗的绳带或皮条，编缀的方法与西汉的金缕玉衣很相似。

犀、兕都是古代犀牛一类的动物，其皮质坚厚，是制甲的理想材料。合甲即是先剔除皮革内层肉质，再把两层经过处理的皮革合在一起制成甲，所以不易腐败，使用寿命较长。

在古代兵制史上，西周初年已开始实行"国人"当兵的制度，其"乡遂兵役制"是我国最早的兵制。当时国家军队的组成已经比商代有了突出的发展。西周铭文及《诗经》中屡屡提到"西六师""殷八师""成周八师"大举征伐的事，据《小雅·大东篇》释义考证，这三支军队由周天子直接管辖，驻扎在镐京、陪都、卫国等地，用于保卫京都，监视、镇压新征服的民族。[1]

这种常备军必定具有正规的戎服。这一点从《周礼》中也可找到证据。《周礼·春官·司服》详细记载了周天子、诸侯的各种冕服，其中的"韦弁服"是为"兵事之服"。

西周军队中还没有专职武官，天子及诸侯就是军队的统帅，他们出征所穿的韦弁服，应就是专用的戎服。至于这种戎服是什么形制，根据《新定三礼图》等古籍中的插图和春秋战国时期青铜器上的刻纹形象，无疑还是上衣下裳制（图2-7①②）。

春秋之前，战争的形式主要是车战，军队的主力和统帅都乘在战车上作战，士兵则跟随在车后，很像第一次世界大战中坦克刚被用于战场时的情景。这种作战方法，与上衣下裳制的戎服不会产生矛盾。

帅与兵的戎服区别可能只在于兵的裳要比帅的短些，以便于奔跑；衣裳简陋些，衣料粗陋些。

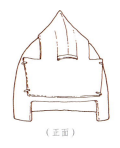

（正面）

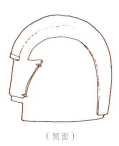

（侧面）

图2-6 山东滕州出土商周皮革青铜制胄复原图

①《新定三礼图》插图诸侯韦弁服。录自郑振铎编《中国古代版画丛刊》上海古籍出版社1988年版

②习射图、攻战图,战国青铜壶纹饰,故宫博物院藏

图 2-7

冠饰方面主要是弁,弁有爵弁、韦弁两种。爵弁为文冠,韦弁为武冠,所以又称"武弁"。一般都用皮革制成。

弁 ┬ 爵弁:文冠
　 └ 韦弁:武冠

甘肃灵台西周墓内曾出土一件玉雕人像,头上戴一种形如双手复合的冠,与《新定三礼图》中韦弁冠的插图有些相似,可能就是武弁(图2-8①②)。

普通士卒是不能戴这种弁的,他们一定有另外一些冠饰。在河南洛阳出土的一件青铜"人"形车辖(古时车轮上的铜配件)上有一种束发冠,很可能是士兵的冠饰(图2-9)。

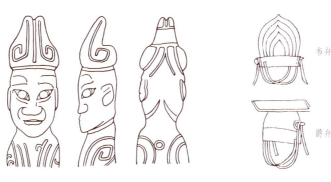

① 甘肃灵台白草坡西周墓出土玉雕人像,甘肃省博物馆藏

② 《新定三礼图》插图

图 2-8

图2-9 河南洛阳北窑庞家沟出土西周青铜人形车辖,见《中国美术全集》青铜器专集上,文物出版社1985年版

西周尚红色。《通典·历代所尚》中说:"周人尚赤……戎事乘䮴（yuán，赤毛白腹的马）……以赤为徽号……"戎服也以红色为主。《周礼·春官·司服》说:"韦弁，以韎韦为弁，又以为衣裳。"杜预注:"韎，赤色。"说明戎服的上衣下裳都用红色。

当然和商代一样，周代戎服在以红色为主的同时，肯定也搭配了一些其他的颜色。

东周 （春秋战国）

公元前770—前221年

- 皮甲、木甲、青铜甲、铁甲
- 青铜胄、皮胄、铁兜鍪
- 深衣，后为裤褶服
- 靴
- 惠文冠
- 腰带，用带钩
- 各诸侯国没有统一主色

图3-1 战国武士复原图

- 皮甲胄采用湖北随县出土实物；
- 袍服参照河南洛阳金村战国银人像；
- 臂甲采用云南剑川出土实物；
- 靴根据辽宁沈阳郑家洼子出土实物复原；
- 带扣与带扣系法根据王仁湘先生绘制的复原图；
- 剑的佩法根据《考古》1985年第1期《玉具剑与璏式佩剑法》一文设计。

公元前770年，周王室由于王位继承的斗争而引起了诸侯的叛变，他们联合犬戎攻入镐京（今西安），杀幽王灭了西周。叛乱平息后，周王朝得以匡复，继位的周平王因镐京毁于兵火而迁都洛邑（今洛阳），洛邑在镐京东面，史称"东周"，又称"春秋战国"时期。

这是一个长期诸侯争霸、群雄割据的战乱年代，也是奴隶制社会向封建制社会全面过渡、变革最激烈的时期。在这一时期里，我国古代的各种思想学说、科学文化都得到很大的发展，军事装备的制造技术进步也很快。20世纪60年代初以来的一系列考古新发现，给我们提供了丰富的实物例证。

1978年在湖北随县擂鼓墩一号古墓内发现了大量皮甲胄。经过清理，复原了其中比较完整的12套，为我们今天研究春秋战国时期的甲胄形制，特别是制造技术，提供了极为宝贵的资料（图3-2）。

皮甲由甲身、甲袖和甲裙组成。甲身两排21片，分胸甲、背甲、肩片、肋片、大领。甲袖13排87片，甲片均有弧度，甲裙四排56片（图3-3）。

皮甲的编缀方法，横向均为左片压右片，纵向均为下排压上排。胄也是用18块甲片编缀起来的。不少甲片出土时，孔内还残留着丝带，这就说明甲是用丝带组编的。

图3-2 湖北随县擂鼓墩战国墓出土皮甲胄复原图

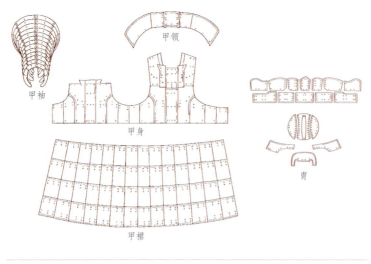

图3-3 湖北随县出土皮甲胄展开图

甲片的表面都髹漆,出土时甲片的皮胎都已腐烂,仅剩下漆壳被保存了下来。[5]

皮甲胄的甲片式样按照外形和尺寸,可分成30多种,甲片的周边凡露于外表的部分都有用模具压出的凹线。中科院考古研究所曾对这些皮甲胄进行研究,认为在当时的生产技术水平下,要制作这样一套甲胄需要用近百套模具进行加工才能完成,工艺繁复。[6]同时,也反映出当时已采用了类似今天的流水作业生产方法,甲胄制造业的发展已具相当规模了。

未能复原的实物有:

湖南长沙浏城桥春秋晚期的一号墓内发现一领已散乱的皮甲,甲片呈深褐色,有六种式样(图3-4)。[7]

长沙左家公山战国墓内发现一领皮甲,原来是卷折放置的,出土时已无法揭开,只能从表面看出大概轮廓:上部是方形甲片,下部是施有彩绘的丝织物(图3-5)。[8]这件皮甲与一件传为长沙出土,现已流失国外的彩绘木俑上的形象十分相似(图3-6)。

图3-4 湖南长沙浏城桥一号墓出土皮甲片（根据照片绘制）

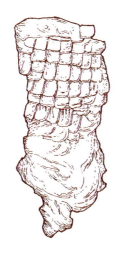

图3-5 湖南长沙左家公山战国墓出土的皮甲（根据照片绘制）

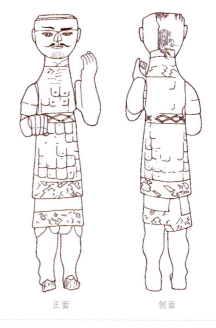

图3-6 传为湖南长沙出土的彩绘木俑，俑上甲衣的下面有两条彩绘花边，上面一条无疑应是皮甲内衬垂下的织物饰边。录自[日]林已奈夫《中国殷周时代的武器》

　　湖北江陵藤店战国时期的一号墓内也发现有散乱的甲片，甲片由两层皮革合起来做成，在少数缀联的孔中还残留着编甲用的小皮条。[9]

　　战国时期还使用木甲。

　　湖北江陵曾有实物出土（图3-7）。这种甲是以木为胎，两面贴革片，表面髹黑漆制作成的，形制与随县擂鼓墩的皮甲相同，但甲片较长，上下只有五排。[10]

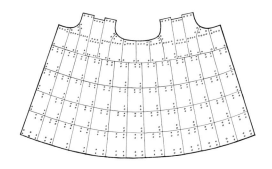

图3-7 湖北江陵战国墓出土木甲平面图

木甲在唐代、宋代的文献记载中经常出现,使用历史悠久,这件木甲的出土复原,为研究木甲提供了绝无仅有的实物资料。

关于先秦时期的甲胄制作,古代文献中常有记载,前文已引《周礼》说的"犀甲七属,兕甲六属,合甲五属"。"属",在这里是指甲衣上下甲札的续数,按今天通俗的说法即排数。而"甲札",因甲片较长近似秦汉之前的竹、木牍片的书札,所以得名。合甲比其他甲坚硬,因此只要五属就可以了,上面介绍的木甲,上下就只有五属。

春秋战国时期除大量使用皮甲胄外,也使用青铜铠甲。

1972年在云南江川李家山古墓中曾出土很多青铜铠甲的部件和甲片,仔细观察这些部件和甲片,不难看出原来应是整领的铠甲,可惜残缺太甚,已无法进行复原。甲片和铠甲部件上用阴线刻出的无比美丽的花纹,充分反映了当时铸造技术和装饰艺术的高超水平(图3-8①②、图3-9)。[11]

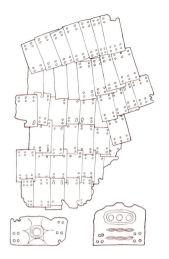

①青铜甲片和甲片上刻的花纹,云南江川李家山古墓出土

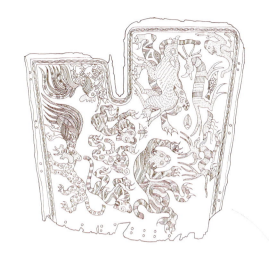

②铜臂甲花纹展开图

图 3-8

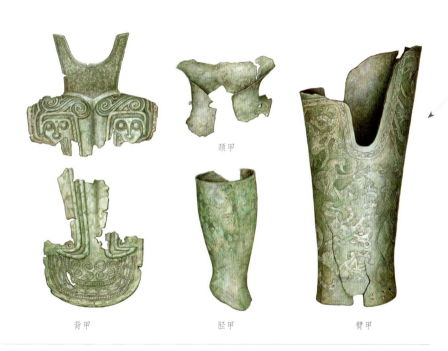

颈甲

背甲　　胫甲　　臂甲

图3-9 云南江川李家山古墓出土青铜铠甲部件(根据照片绘制)

027　东周

其余零星出土的实物有：

内蒙古宁城与昭乌达盟发现的铜胄（图3-10）；云南剑川鳌凤山青铜文化墓地出土的铜臂甲（图3-11）和重庆涪陵小田溪、四川成都百花潭中学出土的两件铜胄顶（图3-12①②）。

铜胄的造型较之西周更趋简洁、实用，铜胄顶应仍是商周时期皮革青铜复合胄的遗制，用来加固皮胄的。

古代中国冶铁技术发达，1976年在河北藁城，1977年在北京平谷出土的两件商代中期的铁刃铜钺（图3-13），证实了我国从商代起就开始使用铁器。春秋

图3-10 内蒙古宁城出土战国铜胄，《新中国出土文物》图版67，外文出版社1972年版

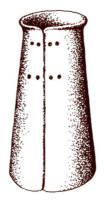

图3-11 云南剑川出土春秋晚期至战国早期铜臂甲，录自《考古》1986年6期

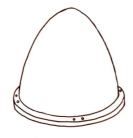

①涪陵小田溪出土

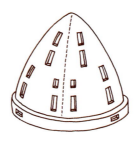

②成都百花潭中学出土

图3-12 铜胄顶，四川省博物馆藏

初期已掌握人工冶铁的技术,春秋晚期又发明了生铁冶炼技术。这项技术的掌握,使用铁铸造兵器铠甲成为现实。

战国后期,出现了铁制铠甲。不过当时使用的还只是陨铁,陨铁来自太空落下的陨星,而不是人工冶炼的铁。关于铁铠甲,《吕氏春秋·贵卒》曾提到:"赵氏攻中山,中山之人多力者曰吾丘鸠,衣铁甲操铁杖以战。"

1965年在河北易县燕下都遗址44号墓中,发现了一件由89片铁甲片编缀成的铁兜鍪(móu,打仗时戴的盔)(图3-14),[12]从而证实了战国时期铁铠甲的存在。这件铁兜鍪的形制,与传为河南洛阳金村出土的战国铜镜上的武士像所戴的胄极为相似(图3-15)。[13]

图3-13 河北藁城出土商代铁刃铜钺,河北省文物研究所藏

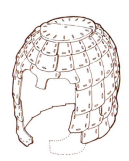

图3-14 河北易县燕下都44号墓出土战国铁兜鍪复原图

图3-15 传为河南洛阳金村出土的战国铜镜背面的错金银武士像

很多文字资料表明，春秋战国时期（或许还要上溯到西周后期）的戎服开始采用深衣。

深衣是一种上衣与下裳连成一体的衣服。有些像今天女士的连衣裙。开始时只是诸侯、士大夫平时闲居之服，后来逐渐取代上衣下裳成为正式服装。深衣根据衣裾绕襟与否可分为直裾和曲裾两种。

关于深衣《礼记·深衣》上说：

> 制：十有二幅，以应十有二月。袂圆以应规，曲袷如矩以应方，负绳及踝以应直，下齐如权衡以应平。故规者，行举手以为容；负绳、抱方者，以直其政、方其义也。故《易》曰："《坤》六二之动，直以方也。"下齐如权衡者，以安志而平心也。五法已施，故圣人服之。故规、矩取其无私，绳取其直，权衡取其平，故先王贵之。故可以为文，可以为武；可以摈相，可以治军旅。完且弗费，善衣之次也。

一件衣服具备了如此众多的含义和优点，难怪要登堂入室，成为我国历史上使用时间最久的服装了。深衣的形制，陈祥道在《礼书》中绘有裁剪图（图3-16）。此图为我们提供了深衣的基本形制，从"短毋见肤，长毋被土"（《礼记·深衣》）的记载来看，可以肯定，这时的深衣长度起码要达到脚踝。

战国末年，发生了历史上有名的赵武灵王"胡服骑射"的变服事件。

当时战国七雄之一的赵国地处北方，与林胡、楼烦等少数民族接壤。这些民族生活在崇山峻岭和起伏不平的丘陵地带，常年从事放牧、狩猎，娴于骑射。远从商代武丁时期起，他们就经常南侵，抢掠财物，俘虏人口，不断给边境的居民和国家的安全带来苦难和威胁。赵国对这些民族的征讨一直持续不断，但都因为使用战车作战而不能获得全胜。要征服这些民族，只有改变作战方法，变车战为骑战，发展骑兵部队。

关于骑兵，《史记》等文史资料表明，春秋时期黄河流域的不少诸侯国已经开始创建骑兵，如《史记·张仪列传》中记载秦国就有"带甲百余万，车千乘，骑万

图3-16 陈祥道《礼书》中的深衣形制

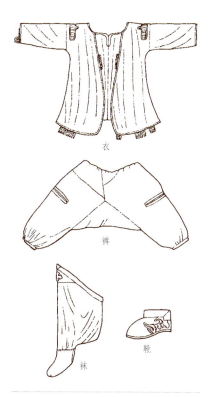

图3-17 蒙古诺音乌拉匈奴墓出土实物,录自孙机《洛阳金村出土银着衣人像族属考辨》,《考古》1987年第6期

匹"。但骑兵的发展一直比较缓慢,究其原因,可能主要有两个方面:

其一,当时还没有马鞍具(主要指还没发明带有鞍桥的马鞍和马镫),骑马就有一定的难度,而要在马上作战射箭,难度更高。

其二,还没有合适的服装。传统的深衣戎服显然不便骑马,但要一下子改变千百年的传统习俗也并不容易,于是变服便成了一件有关增强国力的大事。

赵武灵王几经周折,力排众议,自己带头以国君的身份穿起了紧身窄袖、长裤皮靴的"胡服"。

所谓胡服,蒙古诺音乌拉匈奴墓中曾有衣、裤、靴、袜的实物出土,衣是小袖直襟短袍,裤的形制与今天的运动裤较接近,靴为短靿(图3-17)。

变服中最重要的一项是在裤,另一项是去履、舄而服靴。

上衣仍保持原来深衣的特点,仅去掉下裳十二幅使其变短,长如今天的短大衣。而裤,虽然在华夏服饰中早就存在,但一直是作为内衣,不能穿在外面的。因为当时的裤都是开裆裤,不能起遮羞的作用,所以裤外一定要系裳或穿深衣。把深衣改短后,裤就直接穿在外面了,这不能不说是一项大的变革,当然这时的裤已变成"穷裤",即满裆了。

变服后的服饰又称"裤褶服",其形象从下面两件文物上可以看到:

一件是洛阳金村出土的战国银人像,原来认为表现胡人,现在经过考证,确认为华夏族人[14](图3-18①)。他身上穿的就是经过变服后的裤褶服,像上手臂有臂鞲(gōu,臂套),足胫有行缠,很像是表现侍从武士的形象。

另一件是山西长治出土的铜人(图3-18②),这件铜人无裤。

两件人像的上衣都是"续衽钩边",完全符合《礼记·深衣》中所说的特点。

变服中还有一项是去履、舄而服靴。《释名·释衣服》说:"靴,跨也,两足各以一跨骑也,本胡服,赵武灵王服之。"

1974年在沈阳郑家洼子战国时代墓内,发现在人的胫、足骨上排列有大小铜泡180枚,出土时泡下骨上有黑色有机腐殖物附着,据分析,死者葬时穿着一双钉满铜泡的长统皮靴(图3-19①②)。[15]从墓中随葬的兵器马具来分析,死者生前可能是个武士。这个考古发现说明当时北方的军人已开始穿靴,但中原地区广泛使用靴要到魏晋以后才开始。

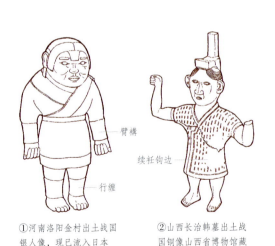

①河南洛阳金村出土战国银人像,现已流入日本
②山西长治韩墓出土战国铜像山西省博物馆藏

图 3-18

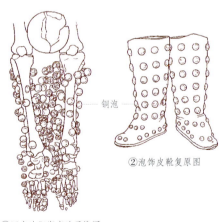

①辽宁沈阳郑家洼子战国墓内皮靴泡饰出土情形
②泡饰皮靴复原图

图 3-19

冠饰方面，这时出现了惠文冠，相传亦为赵武灵王所创。惠文冠其形如帽有双耳，用细如蝉翼的丝织材料制成，额前有金铛之饰和貂皮暖额，用以表明尊贵的身份。

这种冠一开始并不是专门的武冠，秦汉以后才逐渐成为戎服的一种重要冠饰，并为以后历代不断使用。其具体形制可参见秦汉部分。

冠上用于表明身份的除了貂铛等饰品外，有时还用动物造型。

1972年在内蒙古阿鲁柴登附近的沙窝内发现一批战国时期的匈奴金银器，其中一件金冠饰十分引人注目。

冠饰分冠带和鹰形冠顶饰两部分。冠带由三条半圆形金条组成，正面两条上下相连，背后一条。前后冠带连接处饰以虎、羊、马的浮雕图像。冠顶分四片组合成半球形，上面镌刻狼咬羊的浮雕图案，冠顶傲立着一只展翅雄鹰，鹰的头、颈部镶嵌两块绿松石，整个造型栩栩如生，金碧辉煌，真是难得的珍品（图3-20）。[16]这件冠饰无疑是身份较高的匈奴贵族用品，而且很可能是个军事长官，因为猛禽猛兽历来是古代武士的一种象征，隋唐以后又常以其为绣纹，绣在衣服上来区分武官品级。

图3-20 内蒙古阿鲁柴登发现的战国匈奴金冠饰

腰带是服饰的重要配件，与裤一样，在华夏服饰中也早就存在，如帝王冕服中就有大带、革带一项。不过西周之前的腰带都是用帛或在皮革外包裹帛制成，系束也用帛带为之。以后发明了带钩，不仅用带钩勾连，而且还可以系挂装矢的矢箙（箭筒），用途很多。

近年对大量的实物进行研究后发现，带钩实际上有三大类：

第一类为衣襟钩，常被装在衣服的衣襟处，用以系结衣襟；

第二类为佩挂钩，用于佩挂武器、饰品等；

第三类就是腰带钩。

制作带钩的材料有青铜、玉、黄金等各种材料，造型玲珑剔透，非常精美（图3-21）。目前发现的带钩实物，年代最早的是春秋时期；在此之前是否已有带钩，目前尚不能下结论。

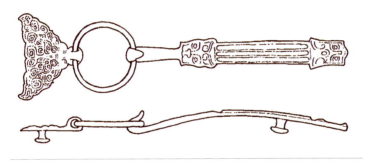

图3-21 战国带钩

战国以后，又开始用带扣束带、带扣比之带钩，束带更利索，且不易松脱。但早期的带扣的扣舌是死的，不能转动，这种死舌带扣的束带，据王仁湘先生研究可有两种方法（图3-22①②）。[17]

带钩与带扣的起源，历史上一直存在着"北来"之说，即是从北方胡服中引进的，对它们的称呼如"犀比""师比""胥纰"等，都与"鲜卑"一词的音很相

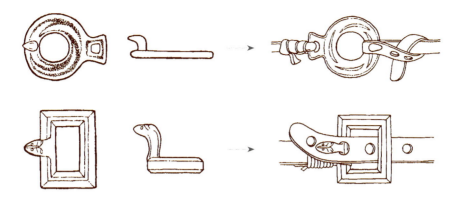

①河北邯郸、内蒙古准格尔旗出土的两种战国带扣　②王仁湘先生绘制的两种带扣系束方法示意图

图 3-22

近。但近年来的研究以充分的证据表明，它们的起源是从马具开始的，最早用来系"䩞"，即马笼头，以后才逐渐用来束带。而且，北方民族使用带钩、带扣束衣的时间也要比中原地区早，因为迟至西汉，中原广大地区依然广泛使用带钩勾带。

春秋战国时期，虽然各诸侯国表面上仍尊周王为天子，但实际上都各自独立，阳奉阴违，周天子的权力日趋衰微，自然也不能管束各诸侯国的胡作非为。

因此，春秋战国的戎服色彩比较混乱，几乎各诸侯国都自有所好，如赵国的王宫卫士都服黑衣，而《吴越春秋》卷五说：

> 夫差临晋与定公争长，吴师皆文犀长盾扁诸之剑，方阵而行，中校之军，皆白裳白髦，素甲，素羽之矰，望之如荼；……左军皆赤裳赤髦，丹甲，朱羽之矰（矢），望之若火；右军皆玄裳玄舆，黑甲，乌羽之矰，望之如墨……

真可谓丰富多彩！

因此，这一时期的戎服色彩基本上不存在统一的主色。

图3-23 赵武灵王胡服骑射复原图

- 袍服参照河南洛阳金村出土战国银人像(织物绣纹根据湖北江陵楚墓出土实物);
- 冠根据文字记载,参照汉代出土实物设计;
- 靴根据蒙古诺音乌拉匈奴墓出土实物复原;
- 兵器根据湖南长沙、湖北随县出土实物复原;
- 马具根据秦始皇陵兵马俑出土实物复原、设计。

秦代

公元前221—前206年

- 严格的着装等级制度
- 皮甲、铁甲、铜甲、絮衣软甲
- 胄的形制与战国基本相同
- 将军及士卒的戎服形制全都相同
- 帻、冠、帽、发髻
- 靴、履
- 腰带,用带钩系接
- 秦尚黑,但戎服色彩丰富

图4-1 秦代将军服饰复原图

- 根据秦始皇兵马俑二号坑出土将军俑复原;
- 服饰颜色根据《秦侍卫甲俑的服饰与彩绘》一文(秦俑坑考古队王学理,《考古与文物》1981年第3期)。

秦是我国历史上的军事强国。

秦代的军戎服饰是至今资料最全面、最准确、最详细的,这要归功于秦始皇陵兵马俑的发现。从目前在陕西临潼一、二、三号坑内发掘出土的陶俑陶马来看,这些兵马俑的雕塑手法都极为写实,不仅人物的神态表情栩栩如生,而且服饰、鞍辔配件等每个细节都很逼真、准确,从而为研究工作提供了极大的方便。

已出土的兵俑分为将军俑、军吏俑、骑士俑、射手俑、步兵俑和驭手俑几类,它们的铠甲、服饰装束表现出森严的等级制度。[18]

铠甲按形制可分为四型六种:

一型仅能护胸腹,与陕西长安普渡村出土的西周铜甲很接近,应是较原始的铠甲(图4-2、图4-3)。这类铠甲在整个俑群中所占的数量很少。

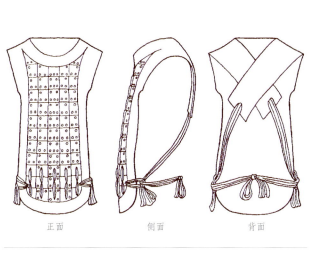

图4-2 一型铠甲形制

图4-3 军吏俑,披一型铠甲

二型铠甲可分为A、B两种：

A种前身下缘呈三角形，长度至小腹下，有的有整片皮革做成的披膊，有的没有。铠甲的甲片比一、三型显得小而薄，很可能是模拟铁甲片；甲片的表面、铠甲的胸前、两肩和后背，都有彩带做装饰。穿这种铠甲的都是将军俑，因此，这种铠甲可能是秦代最优良的铠甲（图4-4①②、图4-5、图4-6）。

图4-6 将军俑，披二型A种铠甲，有披膊

图4-4 二型A种铠甲形制

图4-5 将军俑，披二型A种铠甲，无披膊

B种前身下缘平直,长及胯下,披膊也是用甲片编缀而成。这种铠甲的甲片比A种略显得大些,但可能也是模拟铁甲片,铠甲上没有彩带装饰。穿这种铠甲的身份当比将军俑低,比步兵俑、骑兵俑要高(图4-7、图4-8)。

图4-7 二型B种铠甲形制　　　　　图4-8 军吏俑,披二型B种铠甲

二型铠甲的胸前、后背都无甲片,但从穿戴者身份都较高的情况来分析,不可能在要害部位没有防护,因此很可能上身是整片的护胸护背甲,这样解释似乎比较合乎逻辑。

三型铠甲数量最多。骑兵俑和步兵俑都穿这一型铠甲,骑兵的比步兵要短一些,大致也有两种:A种的铠甲没披膊,B种的有披膊(图4-9①②、图4-10)。

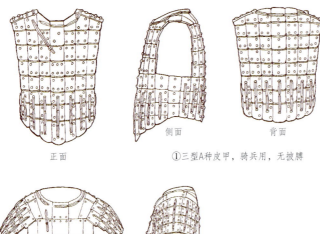

正面　　　　　　　侧面　　　　　　背面
①三型A种皮甲，骑兵用，无披膊

正面　　　　　　侧面
②三型B种皮甲，步兵、射手用，有披膊

图4-9 三型铠甲形制

图4-10 射手俑，披三型B种铠甲，有披膊

这一型铠甲的甲片都比较大，而且厚，很多研究者都认为是模拟皮甲，从随同出土的兵器基本上都是青铜器这一点来看，这个推测应是正确的。铁铠甲的数量在当时毕竟还是很有限的。

四型是驭手专用甲，甲身形制与三型B种差不多，但甲片更小，甲身也要长得多，有高高竖起的盆领和长及手背的甲袖，甲袖的构造和湖北随县战国的皮甲很相似（图4-11）。而且无论是铁甲还是皮甲，都在右侧肩、腋下开襟，这也与战国时期的完全相同。

这四型铠甲中，凡是铁甲，四周边缘都有包边，而皮甲都没有。

秦始皇陵区除了兵马俑之外，还出土有近似实物的石制甲胄。

1998年，陕西省考古研究所在对秦始皇陵园内众多的陪葬坑进行试掘的时候，发现了大量的石质铠甲，经过仔细的清理、辨认，共出土甲衣87领，胄43顶，马甲1副。甲衣可分为四种类型：第一种只有身甲，没有披膊，与兵马俑的三型A种皮甲相类似；第二种有披膊，与兵马俑的三型B种皮甲相近；第三种的形制与第二种基本相同，但甲片显得更小，制作更精细，甲身也要长些，甲裙的前后中部突出成尖角。这一种甲衣的数量最多，占总数的60%，其中的几领已经修复（图4-12）；第四种甲衣最为精美，可惜残损较重，不能复原。这种甲的甲身很长，甲裙正面的尖角很突出，甲片很薄而小，很多甲片的下面两角磨成圆形，编缀起来后甲衣呈鱼鳞状，它的形制很可能与将军俑的甲相类似。

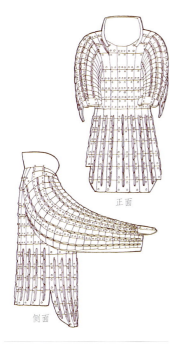

图4-11 四型铠甲形制，驭手专用甲

图4-12 秦始皇陵园陪葬坑出土石质铠甲复原图

据专家分析，这四种甲衣中前三种可能是仿制皮甲，只有第四种能基本肯定是仿制铁甲，而且是迄今为止年代最早的鱼鳞甲的实物仿制品（图4-13）。

胄的形制与战国时期完全相同，令人惊奇的是，它的外形和制作方法与河北易县燕下都出土的战国铁兜鍪完全相同，因此，可以基本肯定这种石胄是仿制铁制品，它们在实际使用时，应是有皮革或织物内衬的，所以在沿口部位也应有包边（图4-14）。[19]

秦代的戎服，上自将军下至士卒形制全都相同：一律上穿深衣，下穿小口裤，士卒腿上裹有行缠，足穿靴或履（图4-15）。深衣的形制与洛阳金村的银人像完全一致，从厚厚翻卷起的衣领、袖口和袍服折褶都很圆润的形象来看，穿的似乎都是有絮夹袍，这种夹袍很有可

图4-13 秦始皇陵园陪葬坑出土的石质，有鱼鳞形甲片的铠甲残件

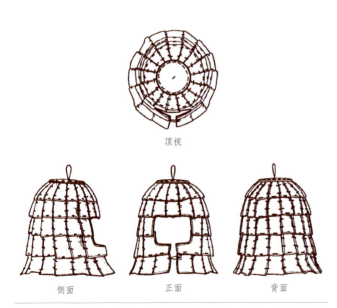

图4-14 秦始皇陵园陪葬坑出土石质胄复原图

图4-15 穿袍服的将军俑

图4-16 戴帻的骑兵俑

能是絮衣。明代时有一种绵甲，面、里间塞以经过加工的棉絮，做成甲衣后能抵御流矢。絮衣是否与绵甲一样同属软甲，现在尚无文字可考。

值得指出的是，在全部兵俑中穿袍而无铠甲的占有2/3。历史上秦皇朝的军队素负盛名，如果大部分战士身上没有防护装备，似乎与秦朝军队的强大很不相称。但是把袍服理解为絮衣并解释为一种软甲，那么相对来说就比较合理了。而如果解释成棉衣的话，就会与大部分俑都只戴帻或发髻妆束的现象发生矛盾，身上防寒，头部也应保暖，至少将军应戴有兼防护保暖两种功效的胄。

兵俑的首饰大致分为四类：帻、冠、帽、发髻。

第一类为帻，即包扎发髻的巾，有两种：一种为骑兵俑、军吏俑头上所戴，似用皮革制成，罩于发髻，用带系结于颔下，与颏有某些相同之处（图4-16）。另一种为将军俑头上所戴，是比较厚的织物折成的头饰（图4-17）。

第二类是冠，为骑兵所戴（图4-18）。这种冠在俑群中数量很少，它的形象与汉代的武冠，即战国的赵惠文冠很接近（参见汉代部分），只是体积较小，而且有可以插鹖尾的条件。

正面　　　背面　　　侧面

图4-17 将军俑帻三视图

图4-18 戴冠之骑兵俑

骑兵在战国时期是很受重视的兵种，《六韬》中记载的选拔骑士的要求、标准非常高，一般帝王诸侯的侍从警卫部队都是骑兵，秦始皇也是如此。

第三类从形象上来看，应该称为"帽"（图4-19）。帽之名早就有了，《通志略·器服略》说："周成王问周公曰：舜之冠何如焉？曰：古之人上有帽而勾额。"有些图册把这种帽注为帻或介帻，这是欠妥的，帻形如帽要到两汉时期，而且还有个变化过程（参见汉代部分），秦代不太可能有形如帽的帻。

第四类是发髻。发髻梳法样式很多，有的可以明显看出在头发中还裹入"偏诸"，即织物做成的布带进行编织（图4-20、图4-21①—④）。

图4-19 戴帽的步兵俑

图4-20 发髻妆束的兵卒俑

图4-21 四种发髻俑的发髻梳法、样式

靴履也有四种，根据形象定名为：高统靴、方口翘头履、方口齐头履、方口翘尖履。靴和履都用带缚于脚背和足踝（图4-22①—④）。

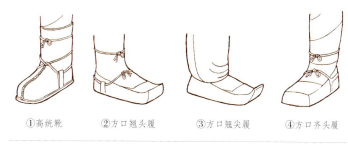

①高统靴　②方口翘头履　③方口翘尖履　④方口齐头履

图 4-22

从袍服俑上可以看出，戎服外一般都束腰带，腰带用皮革做成，古称"带""鞶革"。带用带钩系接（参见图4-15）。

秦代之前各朝对于服饰和旌旗的尚色，被战国时期兴起的阴阳家所利用。他们根据道教有关五行相生相克的理论，把这些尚色与金、木、水、火、土联系起来，解释演绎成朝代兴亡的原因。他们认为：夏尚青属木德，殷尚白属金德，金克木，所以殷取代了夏；而周尚赤属火德，火克金，因此周灭掉了商；到秦始皇做了皇帝，他十分迷信这一套，觉得自己取代了周一定属水德，所以秦尚黑。但秦始皇兵马俑所反映出的情况并非如此，当时戎服的实际色彩还是很丰富的。

所有的兵马俑在当初都经彩绘，这从出土时残留、黏附在俑和泥土上的颜色就可以知道。其中袍服主要有紫、粉紫、朱红、粉红、绿、粉绿、蓝、粉蓝、黑等色；铠甲主要是赭色，上面的编缀绳带和包边有白、中黄、橘黄、朱红等色。一型、二型铠甲的领口、胸前和背后的束带还绘有几何花纹图案。靴履则有赭黑、赭色、橘红色几种（图4-23、图4-24、图4-25、图4-26）。

图4-23 秦代步兵服饰复原图

- 铠甲、戎服、兵器均根据秦俑一、三号坑出土武士俑复原；
- 盾牌根据秦铜车马俑坑出土实物复原；
- 服饰色彩根据相关发掘报告的记录复原。

图4-24 秦代骑兵服饰复原图

- 甲胄根据秦始皇陵园陪葬墓出土石质铠甲复原；
- 服饰、马具、兵器根据秦俑坑出土陶俑，实物复原。

图4-25 秦步兵服饰复原图

- 铠甲、戎服、兵器均根据秦俑坑出土实物复原图;
- 服饰色彩根据王学理先生《秦侍卫甲俑的服饰与彩绘》一文复原。

图4-26 秦射手服饰复原图

- 根据秦俑坑出土实物复原；
- 服饰色彩根据相关发掘报告的记录复原。

汉代

公元前206—220年

- 铁甲，西汉出现髀裈
- 铁胄、铁兜鍪
- 戎服沿袭秦制，军中不分尊卑都上穿襌衣，下穿裤
- 平巾帻外罩武冠、发髻
- 靴、履
- 一般两条腰带，用带钩系结
- 尚红色
- 军服有等级徽识

图5-1 西汉将帅骑兵服饰复原图

- 将帅甲胄根据山东淄博齐王墓实物复原；
- 戎服根据陕西咸阳杨家湾兵马俑形象设计；
- 骑兵铠甲、服饰、马具根据江苏徐州狮子山兵马俑形象设计；
- 兵器采用河北满城汉刘胜墓出土实物。

图5-2 东汉将帅戎服服饰复原图

- 戎服（左）根据河南偃师东汉墓壁画形象复原；
- 官服（右）根据山东沂南、安丘汉墓壁画形象、甘肃武威出土纱冠实物复原；
- 兵器采用河北、山东等地出土的实物形象。

汉代以王莽新政为界，分为前、后两个时期，亦即西汉和东汉。

前汉，即西汉的军戎服饰从目前掌握的资料来看基本上沿袭秦制。由于汉代的丧葬制度把兵器铠甲作为随葬品，所以从被发掘的汉墓中获得了大量出土实物，使汉代成了我们目前在这方面掌握实物资料最多的一个朝代。

铁兵器经过战国后期和秦代的发展，到西汉时已占主要地位，近年来出土的西汉铠甲全都是铁甲，而且都是锻铁制成的。这些出土实物有：

1957年在洛阳西郊3032号西汉晚期墓中出土的残铁铠，由于锈蚀严重，仅保存下来328片甲片，在少数甲片上附有绢痕，在一部分甲片上存有编缀用的麻绳痕迹（图5-3）。[20]

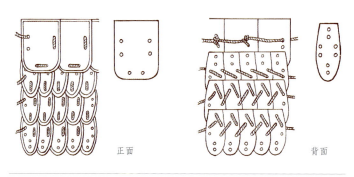

图5-3 河南洛阳西郊西汉墓出土铁铠甲

1960年在内蒙古呼和浩特市郊二十家子汉城遗址的清理工作中，从第七发掘区的一座窖穴内出土了一领完整的铁铠，铁铠分身甲、钎（汉代对披膊的称呼）和錏鍜（汉代对盆领的称呼）几部分。身甲由长条形甲片编缀而成，前身上下四排，背后五排，胸前开襟，用铁钩扣连。钎和甲身垂缘用鱼鳞甲片编缀而成，钎上下六排，甲身垂缘上下三排。甲身开领处有用长条形甲片编缀成的錏鍜，外形与湖北随县出土的皮甲盆领十分相似。甲片的编缀方法是前片压后片，上排压下排，甲身和錏鍜固定编缀，不能活动，钎和甲身垂缘是活动编缀，横向固定，上下可以伸缩自如，与秦始皇兵马俑铠甲的编法相同。甲片用麻绳组编，发掘简报中未提到发现有铠甲内衬痕迹的问题，但坚硬的铁甲一定会有内衬，不然不仅会磨坏衣物，而且还会擦伤人的肌肤。这领铠甲的年代据考证是汉武帝晚期遗物（图5-4）。[21]

1968年在河北满城汉中山靖王刘胜墓中出土了一领铁铠甲，铠甲用2244片鱼鳞甲片编缀而成，方口领，前胸对开襟，用丝线做绊扣连。甲片用丝绳组编，钎的腋下封口形如短袖，钎与甲身下缘六排甲片为活动编缀，其余均为固定编缀（图5-5）。[22]

1975年至1977年，中科院考古研究所在勘察和发掘西汉长安城武库遗址时，发现了一批残铁甲，经清理分类和复原，也复原出与刘胜墓出土的这领形制完全相同的铠甲。[23]刘胜死于元鼎四年，铠甲当是公元前113年随葬入土的，属于武帝中期遗物。

1979年在山东淄博大武村西汉齐王墓五号随葬坑中出土了两领铁铠和一顶铁胄。两领铁铠的形制相同，都有较长的钎，钎和身甲部分为鱼鳞形甲片，垂缘和肩片为方形甲片。方口领，开襟在右肩和侧腋下，用三组丝带系接。身甲下缘有八排甲片为活动编缀，其余全部为固定编缀，编缀材料是麻绳。两领铁铠中，一领是金

图5-4 内蒙古呼和浩特二十家子古城出土汉代铁铠
（根据照片绘制）

图5-5 河北满城刘胜墓出土铁铠复原图

银饰甲（图5-6），另一领为不贴金银片的素面甲（图5-7）。金银饰甲的前胸后背与钎的下段有菱形金银片贴附在甲片上组成图案，不贴金银片的甲片上则用红丝带编成两个重叠的菱形做装饰。这种用丝带仅做装饰而不起编缀作用的现象，在秦将军俑铠甲上也可见到，这也从另一个侧面证实将军俑铠甲应是铁甲（参见图4-6）。铁胄亦是用鱼鳞甲片编缀而成，外形像一个圆锥形筒，顶部不封口，其形制甚为独特。[24]

图5-6 山东淄博西汉齐王墓出土金银饰甲展开图（左）和复原图（右）

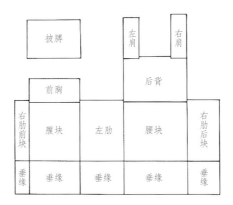

图5-7 素面甲各部位示意图

1983年在广州西汉南越王墓西耳室随葬器物中,也发现一领保存基本完整的铁铠甲,形制与齐王甲差不多,但无钎和甲身垂缘,因此全部甲片都是固定编缀的。甲片也用丝带组编,与齐王金银饰甲一样,身甲部分的甲片表面也有用不同于组编丝带颜色的丝带编成的互相重叠的菱形图案(图5-8、图5-9)。此墓的年代约在公元前128—前117年,与刘胜墓属同一时期。[25]刘胜甲、齐王甲和南越王甲,都有衬里,内层是皮革,外层是绢类织物,甲的各部边缘用织锦包边。衬里除了用皮革、丝绢外,还使用麻布(图5-10)。

1991年在西安市郊城市建设施工中发现一座曾经被盗的西汉早期墓,墓中也有一套完整的铁甲胄。铠甲和西汉齐王墓的金银饰甲完全相同,铁胄的形象却很有特点:胄是由四种形状的甲片,共计352片编缀而成的,胄体为圆顶帽,两侧有护耳,颈后有低垂的护颈,编缀的材料都是丝带(图5-11)。[26]

1994年在江苏徐州的狮子山顶发现了西汉楚王陵墓,从墓中出土了约8465片铁甲片,可以分为50余种类型。经中科院专家和专业技术人员的艰苦努力,共复原出四种铠甲和一种胄。铠甲除第一种与呼和浩特二十家子出土的铁铠基本相似之外,其余

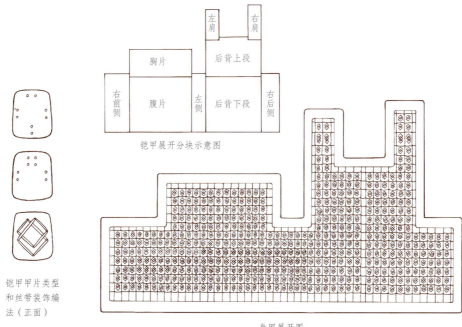

图5-8 广东广州西汉南越王墓出土铠甲展开图

图5-9 广东广州西汉南越王墓铠甲复原图

图5-10 麻布铠甲衬里，甘肃省文物考古研究所藏

都是和西汉齐王甲同一类型的,但都没有金银饰片(图5-12),只有胄又是一种新式样。这种胄由120片甲片编成,(胄顶13片,胄体35片,垂缘72片)。编成的胄形如覆钵,脸部只露出很少一部分,仅见五官,与同墓出土的甲胄俑的形象十分接近(图5-13、图5-14)。

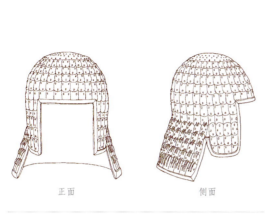

图5-11 陕西西安市郊汉墓出土的铁胄复原图

图5-12 江苏徐州西汉楚王陵出土铁甲复原图

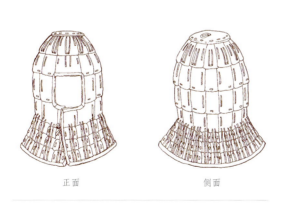

图5-13 江苏徐州西汉楚王陵出土铁胄复原图

图5-14 江苏徐州狮子山出土西汉兵马俑(跪射俑)

上述十一领出土铠甲，经专家和技术人员的不懈努力，均得到复原。这些铠甲从时间上来说，都集中在汉武帝前后时期，跨度在公元前179年至公元前90年之间。按顺序齐王甲楚王陵甲在先，南越王甲、刘胜甲居中，二十家子甲在后。前四领甲特别是金银饰甲，因其墓主身份，当代表着最高一级规格；二十家子甲虽然年代晚，但可能使用者为一般将校，所以甲片较之前四领都要大。这十一领铠甲的形制，与秦代铠甲和随县战国皮甲都或多或少地有着相似之处，可以看出其间的承继、沿袭关系。

西汉的这种铁甲，当时称为"玄甲"，古时称黑色为"玄"。其被称作玄甲有两种可能性：一是指铁甲上涂的黑漆，一是指铁的颜色本来就是黑色。

很多史籍和汉魏时期的文学作品都曾提到。如《史记·卫将军骠骑列传》说霍去病"元狩六年而卒，天子悼之，发属国玄甲军，陈自长安自茂陵"，曹丕的《广陵作》中，也有"霜矛成山林，玄甲曜日光"的诗句。

玄甲从陕西咸阳杨家湾出土的西汉彩绘兵马俑上也能见到。

1965年在陕西咸阳市北郊杨家湾传为周勃墓附近的土坑中，发掘出2500多件彩绘兵马俑，与后来发现的秦俑一样，有很多是身披铠甲的。这些铠甲都是用颜料画在俑身上，虽然式样不同，但均为黑色，上面用红白两色勾画出甲片细部，这些应该就是玄甲（图5-15、图5-16）。[27]

图5-15 陕西咸阳杨家湾出土彩绘陶俑（将军俑），二类一型玄甲

图5-16 陕西咸阳杨家湾出土彩绘陶俑（骑兵俑），二类二型玄甲

根据发掘简报和咸阳市博物馆的归纳，杨家湾兵俑铠甲分为两类四型。其中有一型好像是皮甲，而第二类与出土实物基本相同，甲片上画出的红白组编材料与出土实物上的残留物正相符合（图5-17①②）。

1984年在江苏徐州狮子山也发掘出了西汉时期的兵马俑，这些兵马俑因墓坑坍塌，泥土压在俑上，出土时彩绘已荡然无存，只能从部分俑的塑造形象上依稀分辨出甲的大致形制。其中一种与杨家湾二类二型甲相似（图5-17③），另一种只能识别出包裹整个头部、光露出面目的兜鍪，身上的铠甲已无法看清（参见图5-14）。[28]

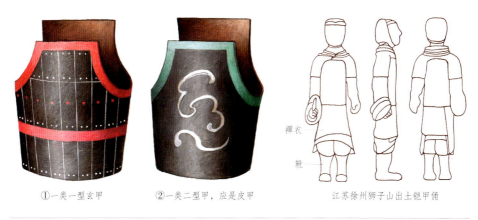

①一类一型玄甲　　②一类二型甲，应是皮甲　　江苏徐州狮子山出土铠甲俑

图5-17 ①②均由陕西咸阳市博物馆供稿

后汉，又称"东汉"，这个时期的甲胄资料目前发现的十分稀少，从山东沂南和江苏徐州十里铺的两件画像石上的形象可以明确看出，铠甲已有较长的"髀裈"（bì kūn），即汉代对腿裙的称呼（图5-18①②）。

髀裈在西汉时好像已开始使用，笔者在考察杨家湾兵马俑时发现，很多骑兵俑的大腿部都有画出的似用整片皮革做成的髀裈，周围还用黑红等色勾边，应是表现甲的包边（图5-18③）。

甲胄的实物资料有：1980年在吉林省榆树县（今榆树市）老河深村属于东汉初期的鲜卑墓中发现了两领较完整的铁甲和三顶铁胄。

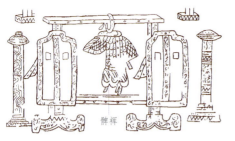

①山东沂南画像石画像

②江苏徐州十里铺画像石画像（录自《考古学报》1976年第1期《中国古代的甲胄》、《考古》1966年第2期《江苏徐州十里铺汉画像石墓》）

③陕西咸阳杨家湾出土汉兵马俑（骑兵俑），咸阳市博物馆藏（笔者根据实物写生）

图 5-18

甲的形制经复原与南越王墓的甲完全相同。铁胄由胄顶和胄片编缀而成，胄顶是半球形，胄片有长短两种，出土时胄片已散开叠成环状。[29]笔者根据发掘简报提供的尺寸进行复原，其复原后的形象见图5-19①。这种胄与云南出土的一件铜扣饰上的武士头盔也十分相像（图5-20），其形制直到魏晋时期仍没有明显的改变。

汉代的戎服在整体上有很多方面与秦代相似，军队中不分尊卑都上穿襌衣，下穿裤。

襌衣为深衣制，襌即单，一般是夏衣，质料为布帛或为薄丝绸。《释名疏证补·释衣服》曰："襌衣言无里也"，其形制为有曲裾垂在身后，是把整幅布帛对角裁开，分别垂挂衣服后摆两边，狭长的一头若燕尾状。[30]杨家湾和狮子山兵俑的戎服袍正是这种襌衣（参见图5-15、图5-16、图5-17）。这种襌衣垂之两旁的燕尾与三星堆商代铜人的裳也十分相似（参见图1-9）。

①吉林省榆树市老河深村鲜卑墓出土铁胄复原图　胄顶正视图与长、短两种胄片　②1985年辽宁抚顺高尔山城出土高句丽铁胄（左）和复制品（右），沈阳市博物馆收藏、陈列

图 5-19

图5-20 云南出土的汉代铜扣饰，云南省博物馆藏

　　禅衣中直裾者称作"襜褕"（chān yú），《释名疏证补·释衣服》曰"言其襜褕弘裕也"，形容这种袍服很宽松、飘逸。汉代崇尚儒学，不但文人学士，连武士也峨冠博带附庸风雅。汉代的壁画、俑和画像石上经常可以看到武士、武吏和侍卫身穿长及脚背的襜褕（图5-21、图5-22）。

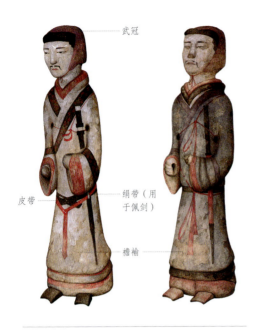

图5-21 江苏徐州北洞山汉墓出土彩绘侍卫俑，徐州市博物馆藏（根据实物写生）

①山东沂南汉画像石　②四川望都汉墓壁画持戟武士图

图 5-22

　　杨家湾等处出土的俑身上一般都穿两层深衣，外面一层，笔者疑为与秦俑相同，穿的是絮衣。絮衣见载于《汉书·晁错传》："可赐之坚甲絮衣、劲弓利矢，益以边郡之良骑。"这里提到的正是一个骑兵的全副装备，以坚甲和絮衣并列，或可说明絮衣也是甲的一种，图5-18③的杨家湾骑俑如果上穿絮衣，下着褶裤，就显得完全合理了。

　　戎服的裤称作"袑"，因裤腿很大，故曰"大袑"。颜师古注："袑，音绍，谓大裤也。"有时也直称裤，如《汉官仪》上提到的"虎纹锦裤"，其形象如图5-23，军旅中士卒为便利行动，袑外一般都要裹行缠，即绑腿布。

　　众多的形象资料表明，汉代军人的冠饰基本上是平巾帻外罩武冠。

　　关于帻，《晋书·舆服志》记述很清楚："帻者，古贱人不冠者之服也。汉元帝额有壮发，始引帻服之。王莽顶秃，又加其屋也。"其形制如图5-24。东汉时期，

图5-23 武伯图,河南偃师杏园汉墓壁画(根据临摹,参照照片绘制)

虎纹锦裤

①山东沂南画像石上有屋山的平巾帻(应属王莽所创)

②河南偃师杏园东汉墓壁画上的平巾帻　③河南偃师杏园东汉墓壁画上平巾帻加纱冠的形象

图 5-24

武吏还有在平巾帻外加纱冠的习惯。

至于武冠,《后汉书·舆服志》载:"武冠,一曰武弁大冠,诸武官冠之。"《晋书·舆服志》记述更详:

> 武冠,一名武弁,一名大冠,一名繁冠,一名建冠,一名笼冠,即古之惠文冠,或曰赵惠文王所造,因以为名。亦云惠者蟪也,其冠文轻细如蝉翼,故名惠文……天子元服亦先加大冠,左右侍臣及诸将军武官通服之。

这种冠在汉代可能有大小两种,并用多种材料做成。

体积比较小的一种用毡或皮革制成,多于军中使用。如杨家湾与狮子山兵俑头上所戴,秦俑中也有戴此冠者(参见图5-16、图5-18③、图5-21、图4-18)。

体积比较大的一种用漆纱制作，用于侍卫仪仗和宫廷礼服。漆纱和毡制的武冠都有实物出土，在新疆发现的毡冠上还留有插羽饰的铜管和残羽毛（图5-25①—④）。

①湖南长沙马王堆三号墓出土漆纚武冠，马王堆汉墓博物馆藏

②山东沂南画像石上戴武冠的形象

③新疆罗布淖尔汉楼兰烽燧堡遗址出土毡制武冠，新疆博物馆藏

④甘肃武威磨咀汉墓出土漆纱武冠，甘肃省博物馆藏

图 5-25

由此引出了鹖冠的问题。汉代以降，武冠使用面很广。为了区别武官与侍臣的身份，武官戴武冠时要插鹖尾，因此得名。《通志略·器服略》在"赵惠文冠"条下说得直接明了："又加双鹖尾植左右，名鹖冠。"很清楚地表明鹖冠是武冠的又一种称呼。

除此之外，汉代军中与秦代一样，也有发髻装饰，杨家湾和狮子山兵马俑中就有发髻俑和发辫俑。（图5-26、图5-27）

汉代戎服外一般束两条腰带，一条为皮制，一条为绢制，以带钩系结。从徐州北洞山侍卫俑上来看，皮带用于束衣，绢带则用于佩剑。（参见图5-21）

汉代时武士还使用帔风，古时简称"帔"。《说文》曰："帔，披也，披之肩背不及下也，盖古名裙，弘农方言曰帔。"

1992年在云南江川李家山汉墓中出土一座精美绝伦的鼓座铜俑（图5-28），身上的服饰和衣服上的绣纹图案刻勒得十分清晰，肩上披了一件帔风，帔风的下缘束入

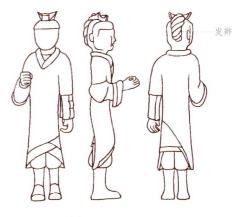

图5-26 陕西咸阳杨家湾出土兵马俑、发髻俑,身上所披为幡,咸阳市博物馆藏

图5-27 江苏徐州狮子山出土汉兵马俑,发辫俑,徐州狮子山汉兵马俑博物馆藏

图5-28 云南江川李家山51号汉墓出土鼓座铜俑(根据实物写生),云南省江川县博物馆藏

069 | 汉代

腰带内，特征与《说文》所说十分相符。这是目前最早的帔风形象资料，虽然属于少数民族服饰，其蛇纹具有明显的滇池文化特征，但无疑属中国古代服饰。从形制上看，这种帔风已与后来在欧洲出现的披风、斗篷非常接近了。

武士脚上主要穿靴、履，以履为主。有圆头平底、月牙形头等样式，多以麻布或麻编织而成。麻履、麻鞋都有实物出土（图5-29①②），靴为圆头高勒靴（参见图5-15、图5-17）。

①湖北江陵凤凰山汉墓出土麻履实物，湖北省博物馆藏

②甘肃敦煌出土麻鞋实物，甘肃省博物馆藏

图5-29（根据实物写生和照片绘制）

汉代戎服的颜色，主要为红色。《汉官解诂》说："旧时以八月，都试讲习其射力，以备不虞。皆绛衣戎服，示扬武威。"西汉的禁军"缇骑"是一支装备华丽精良的骑兵队伍，其名称中的"缇"，指的就是服饰的颜色。《说文解字注》的注解是："绛，大赤也，今俗称谓大红也；缇，丹黄色也。"由此可见，绛、缇都属于红色系。杨家湾兵马俑和汉墓壁画中武士服饰的彩绘颜色与上述注解基本相符。

汉代服饰的主色，若按五行说应该是土克水，为黄色。但汉高祖在起兵造反时，为了笼络人心，曾利用酒后斩蛇的事，编造了一个赤帝子斩白帝子的神话，使人相信他是赤龙下凡,未来的真命天子(见《史记·高祖本纪》)。所以西汉初的尚色违反了五行说而采用火德,尚赤色。汉文帝时对这个问题曾重新讨论过,并一度准备改色,武帝即位后重申了赤帝斩蛇之符,应为火德,此后至东汉,服饰、旗帜一直以红色为主。

汉代是武官制度初步形成的时期。

春秋之前我国原没有专职的武官,军队由天子和诸侯统领。春秋以后,军队规模日益扩大,兵、军种和战略战术也不断复杂,于是出现了一些专门的军事家,形成了实际上的专职武官。秦代东征西讨大量用兵,任用了许多将帅,使武官制度有了一个雏形。到了西汉,从高祖刘邦拜韩信为将时起,西汉的军事已直接由"大将军"负责。到武帝时,更逐渐形成了一整套比较完整的武官制度,武官与士兵的服饰也开始产生比较明显的区别。

杨家湾兵马俑中,有一件身穿鱼鳞甲、头戴帻、脚上穿着一双绣花高统靴的俑就是代表作,它的服饰的各方面与其他步兵、骑兵俑已有比较显著的差别(参见图5-15)。

区别官兵身份的不仅是服饰,还有军服上的徽识。

军服上标出徽识在先秦时代已有制度。汉代的徽识,主要有章、幡和负羽三种。[31]

章的级别较低,为士卒和临时参战的平民佩戴。章上一般要注明佩戴者的身份、姓名和所属部队,以便作战牺牲后识别、收殓。章的形象可参考杨家湾兵俑背后佩戴的长方形物(图5-30①)。

幡的等级比章高,为武官所佩戴。幡为肩上佩戴的标志,像燕尾一样。杨家湾兵俑中有一件发髻俑,右肩上斜披着红白两色帛做成的类似披肩的饰物,与上述记载很相似,应就是这种幡(参见图5-26)。

负羽,军官和士卒大概均可用。负羽屡屡见诸各种史籍,但如何负法至今尚术获得明确的形象资料。孙机先生《汉代军服上的徽识》一文认为有两种形象资料可供参考:

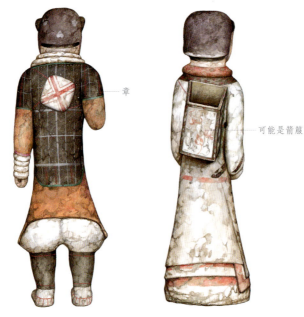

① 陕西杨家湾出土兵马俑,背上所负为章,咸阳市博物馆藏
② 江苏徐州北洞山出土仪卫俑,背上所负应是箭箙,徐州市博物馆

图 5-30

一种是徐州狮子山兵俑和北洞山仪卫俑背后佩戴的长方形盒子,可能是用来插羽毛的(图5-30②、图5-31①)。发掘简报认为这种盒子是箭箙,一种装箭的筒,但箭箙里面既不见箭镞或箭的模型,俑的身上又不佩弓,所以也可能不是箭箙。

另一种是很多秦俑背后的两个环,出土时上面空无一物,这种环亦有可能用来负羽。

这些推测虽然都很有道理,但仍有需商榷之处。秦俑的环且不论,北洞山与狮子山兵俑背后的盒子是箭箙的可能性仍然比较大,理由一,箭箙中无箭镞,因为这些俑的比例与秦俑不同,比真人小许多倍,箭箙已经很小,箭镞按比例自然更小,在这么小的箭箙里放箭镞模型既无意义也很难做到;理由二,只负箙而不

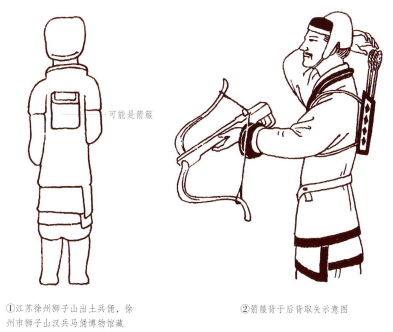

①江苏徐州狮子山出土兵俑,徐州市狮子山汉兵马俑博物馆藏

②箭箙背于后背取矢示意图

图 5-31

佩弓在南北朝时期的俑上都是如此,这些俑上的箙与箭的塑造十分清晰;理由三,箭箙负于背后,于取箭事实上十分便利。汉时多用弩,弩箭的铤,即箭杆,不如弓箭的长,弩箭一般长34—41厘米,弓箭最短也在67厘米以上,弩箭负于背后,反手取箭位置正合适(图5-31②)。因为箭铤短,所以箭箙也要浅,如果深的话,箭就有可能卡住取不出来,背的位置也要适当偏高,低了手就不易够着。吉林榆树老河深鲜卑墓中,随铁甲胄出土的还有一长一短两件箭箙,短的一件很像汉俑上所负的盒子。

负羽的方法究竟如何,也许有一天会出现新的资料来最后解开这个谜。

图5-32 西汉骑兵军戎服饰复原图

- 戎服、冠饰根据陕西咸阳杨家湾兵马俑形象复原；
- 铠甲根据内蒙古呼和浩特二十家子出土实物复原；
- 兵器参考《中国古代兵器图集》；
- 佩剑方法根据《玉具剑与璏式佩剑法》一文设计。

魏晋时期

公元220—420年

- 筒袖铠、黑光甲、明光甲、两当铠、环锁铠等
- 铁胄，沿袭东汉，胄顶竖起高高缨饰
- 戎服主要是袍和裤褶服，铠甲和戎服外均束带
- 主要有武冠、鹖冠、却敌冠、樊哙冠、帻、幅巾和帢等
- 束带，并用带扣系束
- 军人一般都穿圆头靴，靴尖不起翘。
- 魏服尚黄，晋服尚白

图6-1 魏晋时期军戎服饰复原图

- 甲胄根据河南偃师杏园出土的武士陶俑，参照有关出土实物复原；
- 戎服根据江苏南京出土的持盾武士俑、辽宁朝阳袁台子东晋墓壁画上武士像复原；
- 革带根据带銙出土实物复原；
- 兵器参照《中国古代兵器图集》；
- 马具根据吉林集安高句丽墓出土实物复原。

东汉末年,朝廷内部士族与宦官两股势力的激烈斗争,引发了封建军阀之间的残酷大混战。经过长期兼并,最后剩下曹魏、刘蜀和孙吴三大政治集团,形成了对峙鼎立的局面。这种局面以蜀的先亡而告终,此后,曹魏也因内部矛盾激化而为豪强士族司马氏所取代。司马氏在灭吴后统一了全国,建立了晋朝,史称"西晋"。晋惠帝时由于皇族内部不断倾轧而酿成了"八王之乱",加之外族的入侵,使统一的国家再次分裂,出现了东晋十六国的更大的割据局面。

这一时期的频繁激烈的战争,虽然促进了军事科学中的战略、战术等的发展,但却给社会经济生产造成了极其巨大的破坏,因此在武器装备方面,与汉代相比并没有明显的进步。

从形象资料来看,这一时期主要使用一种称为"筒袖铠"的铁铠,这种铠甲的形制,在河南偃师杏园村出土的一件陶俑上表现得十分清晰。它是一种胸背相连、有短袖,用鱼鳞形甲片编缀而成,形如现代的短袖套衫的铁铠(图6-2),有的还有盆领(图6-3①③),在《南史》《宋书》中称作"诸葛亮筒袖铠",可能是当时诸葛亮重视军备生产,曾亲自督制这种铠甲,所以把经他改进过的铠甲用他的名字来命名。

筒袖铠的外形实际上与西汉刘胜墓的铁铠很相似。这种铠甲在《南史·殷孝祖传》中有记载:"二十五石弩射之不能入",在当时堪称坚硬无比,很可能是用"百炼钢"制造的。

百炼钢出现于东汉,自春秋时期我国劳动人民开始掌握块炼钢技术以后,已使钢铁冶炼进了一大步。随后发明的铸铁脱炭钢、炒钢和将薄钢片反复折叠锻打的百炼钢技术,使钢铁的质量进一步提高,特别是后一种打铁技术,直到现代农村地区还在使

图6-2 河南偃师杏园村魏晋墓出土武士俑(根据实物写生),河南博物院藏

用。用这种钢铁制造铠甲,无疑要比以前的铁甲精良得多。骑兵使用筒袖铠时,还配有腿裙,即汉代的髀裈,这种腿裙比汉代要长,因而更能有效地保护骑兵的腿部(图6-3②)。

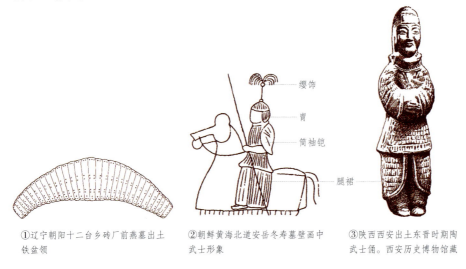

①辽宁朝阳十二台乡砖厂前燕墓出土铁盆领　　②朝鲜黄海北道安岳冬寿墓壁画中武士形象　　③陕西西安出土东晋时期陶武士俑。西安历史博物馆藏

图 6-3

1995年在辽宁北票喇嘛洞十六国时期的墓地中出土过一领铁铠,由于保存状况差,因此复原后的形制仅能参考,这领铠甲的甲身形如西汉齐王墓铁甲,但肩带不是用甲片编成的,而是两根皮带,在胸甲上缘用带扣扣联的。有披膊、盆领和腿裙,披膊、盆领与身甲如何连接都不清楚(图6-4)。[32]

骑兵在汉末有了进一步的发展,这要归功于马鞍、马镫的发明。

1974年在河南安阳孝民屯出土了一套完整的马具,这套工艺精湛的鎏金鞍辔已具有现代马具的全部构件,是全世界最早的有鞍镫马具(图6-5)。不足之处在于设计上还不够先进,鞍座较宽平,后鞍桥比前鞍桥还高,坐上去显然不舒服。马镫也是单个的,主要供上马时踩踏之用,上马以后便不再踩镫。湖南长沙出土的一件西晋陶骑俑,非常清楚地表现了这种情况(图6-6)。

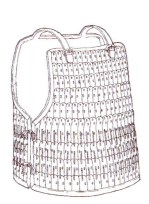

图6-4 辽宁北票喇嘛洞十六国时期墓出土铁甲复原图

单马镫,便于上马之用

图6-5 湖南长沙出土西晋陶俑,根据照片绘制

单马镫

图6-6 河南安阳孝民屯出土鎏金马鞍具复原图(详见《安阳孝民屯晋墓发掘报告》,《考古》1983年第6期)

虽然如此，比起无鞍无镫时代来，骑马的难度已大大降低，而同时骑兵在马上作战的能力也大大加强，因而对铠甲的要求也随之提高。

胄在辽宁朝阳和北票喇嘛洞有实物出土，其形制与图6-2、图6-3②的形象基本相同，还是沿袭东汉，胄顶高高地竖有缨饰（图6-7①②）。

 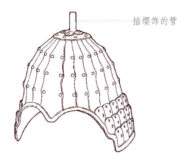

①辽宁朝阳十二台乡砖厂前燕墓出土铁胄　　②辽宁北票喇嘛洞十六国时期墓地出土铁胄复原图

图 6-7

魏晋时期的铠甲，虽然从形象资料上仅见筒袖铠一种，但从文字资料所反映的情况来看，却并非如此。曹植在《先帝赐臣铠表》中，就列举了黑光甲、明光甲、两当铠、环锁铠、马铠等五种。

黑光甲和明光甲可能是同一种甲，只是在表面防锈技术处理上有所不同。这两种甲和两当铠后来取代筒袖铠，成为南北朝时期使用的主要铠甲。环锁铠即明清时期的锁子铠（参见明、清部分），在当时是极为珍贵的铠甲。马铠是保护战马用的。

马铠的出现，据史料记载始于战国。

1978年湖北随县战国墓曾出土了一件完整的马胄和马身甲的残片，制作极精美。1987年在湖北荆门包山楚墓也发现了一领完整的皮马甲（图6-8①②）。[33]

① 湖北随县擂鼓墩一号墓出土战国皮马胄（平面图）、皮马甲残片，湖北省博物馆藏

② 湖北荆门包山楚墓出土皮马甲整理复原图，详见白荣金《包山楚墓马甲复原辨证》，《文物》1989年第3期

图 6-8

　　秦始皇陵园陪葬坑也出土有石质仿皮马甲，这副马甲已修复。[34]但从复原图上可以看出，这领甲的复原准确性还值得讨论（图6-9①）。

东晋时起，马甲开始用铁制。

在辽宁朝阳出土胄与盆领实物的墓中，还同时出土了一件保存十分完好的铁马胄（图6-9②）。[35]

马甲的使用在汉末已较普遍，曹操的《军策令》里就曾提到："本初马铠三百具，吾不能十具。"三百之数与南北朝时期的铠马万群相比，虽为区区小数，但在当时也就十分可观了。

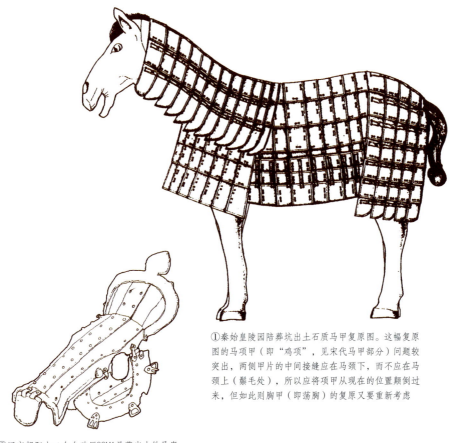

①秦始皇陵园陪葬坑出土石质马甲复原图。这幅复原图的马项甲（即"鸡项"，见宋代马甲部分）问题较突出，两侧甲片的中间接缝应在马颈下，而不应在马颈上（鬃毛处），所以应将项甲从现在的位置颠倒过来，但如此则胸甲（即荡胸）的复原又要重新考虑

②辽宁朝阳十二台乡砖厂88M1号墓出土铁马胄

图 6-9

魏晋时期的戎服主要是袍和裤褶服。袍长及膝下，宽袖。褶短至两胯，紧身小袖，袍、褶一般都是交直领，右衽，但也有盘圆领。裤则为大口裤，东晋的与西晋的相比较裤脚更大，很像今天的女裙裤。因此《晋书·五行志》上说："武帝泰始初，衣服上俭下丰，着衣者皆厌袎。"其形象参见图6-10①②③、图6-11。

①江苏南京出土东晋持盾武士俑，江苏省博物馆藏　②四川成都扬子山晋墓墓门石刻门吏像　③河南偃师杏园魏晋墓出土武士俑，河南博物院藏

图 6-10

图6-11 辽宁朝阳县袁台子东晋墓西壁壁画

冠饰主要有武冠、鹖冠、却敌冠、樊哙冠、帻、幅巾和帢等。

武冠，魏晋时期的形象资料比较少，目前为止笔者发现的只有两例：一例为朝鲜北道安岳的冬寿墓壁画上的形象（图6-12①），从外形上看与汉代基本相似，也用漆纱制成，冠下也戴帻。据《晋书·舆服志》记载，晋代武官戴此冠一般不加金珰、附蝉、貂尾，只有侍中、常侍等侍臣，才以冠上所加的上述饰物来区分品级。其中貂尾的插法在河南洛阳宁懋石室的石刻画像上表现得十分清楚（图6-12②）。珰的形象在魏晋时期的资料中没有发现，只能从唐代范履冰画像上略见一斑（图6-12③）。这种冠饰作为武官、侍臣的礼服，一般用于典礼仪仗。另一例为晋墓出土的陶俑头上戴的一种冠，平顶、两侧有短耳，冠上有交叉的划线，从外形上看与武冠很像（图6-12④）。《晋书·舆服志》有这么一则记载："冠进贤者宜长

①朝鲜北道安岳冬寿墓壁画冬寿像，录自《文物》1980年第5期孙机《羽扇纶巾》一文插图

②河南洛阳出土北魏宁懋石室石刻画像，[美]波士顿博物馆藏

③唐范履冰像，录自周锡保《中国古代服饰史》

④晋墓出土陶俑（出土地点不详），录自《考古学报》1959年第3期

图 6-12

耳，今介帻也。冠惠文者宜短耳，今平上帻也。始时各随所宜，逐因冠为别。介帻服文吏，平上帻服武官也。"所记平上帻特点与该陶俑的冠也很相符，因此颇疑平上帻是晋代武冠的又一名称。

鹖冠，魏晋时比较确切的形象资料尚未发现。有的书中曾举出吉林集安高句丽舞俑冢壁画上骑射武士头上所戴的冠为例（图6-13），但根据陕西乾县唐章怀太子墓壁画上高丽使者的冠饰形象（参见图9-43右侧第一人），并参照《册府元龟·外臣部·土风一》有关"高句丽，汉玄菟郡也……其有官品者又插二鸟羽于其头上，以显异之"的记载，冠上插羽毛分明是代表高句丽官员身份的标志，而非鹖冠的饰品，因此其形象只能作为一种参考。

却敌冠、樊哙冠，见载于《晋书·舆服志》：

却敌冠，前高四寸，通长四寸，后高三寸，制似进贤。凡当殿门卫士服之。

樊哙冠，广九寸，高七寸，前后各出四寸制似平冕。昔楚汉会于鸿门，项籍图危高祖，樊哙常持铁楯，闻急，乃裂裳苞楯，戴以为冠，排入羽营，因数羽罪，汉王乘间得出。后人壮其意，乃制冠像焉。凡殿门司马卫士服之。

这两种冠在东汉时就已使用，宋淳熙时的刻本《三礼图》中有附图，可以提供大致上的形象参考（图6-14）。

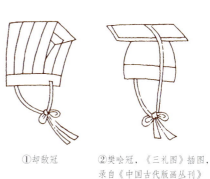

①却敌冠　②樊哙冠，《三礼图》插图，录自《中国古代版画丛刊》

图6-13 吉林省集安县高句丽舞俑冢壁画上的骑射图　　图 6-14

帻，仍然保持东汉初期的形象，像平顶小帽，无耳，南北朝时期变成一种小冠，称"平巾帻"（图6-15①②）。

幅巾，《三国志·魏志·武帝纪》裴松之注引《傅子》释曰："汉末王公多委（厌之意）王服，以幅巾为雅。是以袁绍、崔豹之徒，虽为将帅，皆着缣巾。"这说明当时只有高级将帅才能使用幅巾，幅巾的系裹方法可能与隋唐的幞头相同。

帢，是魏晋时期军队中使用最普遍的冠饰。

《古今注》曰："（帢），魏武帝所制，初以章身服之轻便，又作五色帢，以表方面（指军队的各方面军）也。"《晋书·五行志》曰："魏太祖以天下凶荒，资财乏匮，始拟古皮弁，裁缣（细绢）帛为白帢。""初，魏造白帢，横缝其前以别后，名之曰颜帢，传行之。至永嘉之间，稍去其缝，名无颜帢。"

这些记载说明，帢的使用面很广，功能也很多。既能以色表明武官的品级，又可区别军队的各方面军。它的式样前后也有过一些变化。

从出土的陶俑上可以看出，其形象与我国20世纪30年代流行的瓜皮帽很相似。做帢的材料，除了缣之外，可能也用皮或毡，南北朝以后，帢逐渐演变成丧服冠（图6-16①②③）。

军人一般都穿圆头靴，靴尖不起翘。

铠甲和戎服外均束带，并用带扣系束。

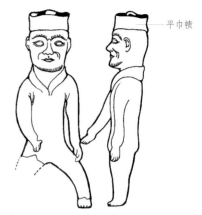

①武汉黄陂滠口晋墓出土残骑俑，武汉市博物馆藏

②四川涂井蜀汉崖墓出土武士俑，四川省博物馆藏

图 6-15

①《考古学报》1959年第3期登载的晋俑头像　②湖北武汉黄陂滠口晋墓出土持盾武士俑　③江苏南京晋墓出土东晋持盾武士俑，南京博物馆藏

图6-16 帢的各种形象

魏晋时期由于马具的不断完善，出现了活舌带扣，它广泛用于生活的各个方面，并很快取代了使用有2500多年之久的带钩和后来的死舌带扣。同时，受少数民族的影响，还开始在革带表面钉缀饰件。这种饰件称"銙"，可以用金、银、铜、玉等多种材料制成。銙下附有马蹄形环，用于佩挂武器和其他物品。

东汉后期，中原地区使用了数千年的璲式佩剑法，由于带扣的运用而改变为悬挂式，这种悬挂式又经过南北朝时期的改进，一直使用到今天（图6-17①—④）。

自汉代打破了五行定色法以后，后继的朝代便无法严格按照相生相克的理论来制定服色，只能采用刘邦的办法，利用一些所谓吉兆瑞符，来牵强附会地解释、决定应属何德。据《通志略·礼略》记载，魏尚土德，服尚黄；

而晋尚金德，服色尚白。由于魏晋时期各种形象资料较少，事实究竟如何，目前尚难以断定；但从已掌握的部分材料来看，基本还是与文字记载相符合的。

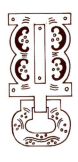

①河南洛阳晋墓出土，鎏金铜铐（左），鎏金铜带扣（右），录自《考古学报》1957年第1期

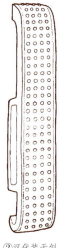

②汉代装于剑鞘上的玉璏

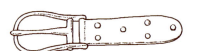

③辽宁朝阳袁台子东晋墓出土银带扣，录自《文物》1984年第6期

④山东临沂白庄出土东汉画像石上的佩刀者

图 6-17

南北朝

公元 420—589 年

- 铁甲、皮甲，或两者结合，以两当铠为代表，还有明光甲、黑光甲、筒袖铠等
- 兜鍪、胄、盔等
- 戎服样式多，武官制度进一步完善，两当衫、短袖襦、襦袍、帔风等，裤装沿袭东晋
- 平巾帻、帽等
- 系腰带，用带扣
- 以红、白色为主

图7-1 南北朝步兵、骑兵复原图

- 铠甲根据河北吴桥北朝墓、洛阳北魏元邵墓出土陶俑复原；
- 胄根据内蒙古呼和浩特市、河北邺城出土实物复原；
- 戎服根据河北磁县东魏墓和元邵墓等出土武士俑复原；
- 兵器采用宁夏固原北周墓出土实物；
- 马铠根据河南邓州出土画像砖上的形象，参照吉林、辽宁等地出土的马面帘和马甲片实物复原、设计。

历史上,人们把公元386—581年间在北方建立的北魏、东魏、北齐、北周等称为"北朝";把公元420—589年在南方建立的南朝宋、南齐、梁、陈等称为"南朝",合称为"南北朝"。

在这些割据政权中,北魏立国148年,时间最长,影响也较大。这些割据政权之间经常发生残杀和兼并战争,开国帝王无一不是手握重兵的将帅,因此往往采用极其残暴的手段,来促进和提高武器军备的生产,从而使武器装备生产在这一时期内发展到了一个全新的阶段。

铠甲方面,这一时期不但种类多样,而且质量和制造技术也很高,其中最有代表性的铠甲是两当铠,此外还有明光甲和黑光甲。

两当铠,《释名·释衣服》曰:"两当,其一当胸,其一当背也。"两当铠长至膝上,腰部以上是胸背甲,有的用小甲片编缀而成,有的用整块大甲片。大甲片的多为皮甲,前后两片甲在肩部、左右两侧不相连接,背甲上缘钉有两根皮带,穿过胸甲上的带扣系束后披挂于肩。辽宁北票喇嘛洞出土的东晋时期的铠甲就是这样(参见图6-4)。胸甲上缘左右两角微出,宽度超过胸宽,这是为了扩大胸部的保护面积,背甲上缘中间突凸形成一个三角形,用于保护项部。腰部以下是用皮革制成的筒形短裙以代替腿裙,一般没有披膊(图7-2①②、图7-3①②)。

 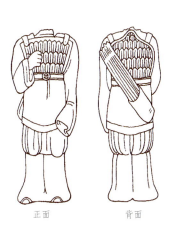

①河北曲阳北魏墓出土武士俑,录自《考古》1972年第5期　　②河北吴桥北朝墓出土负矢箙武士俑,录自《文物》1984年第9期

图7-2 两当甲的形象

①陕西汉中市出土西魏武士俑,身上的两当甲好像是皮甲,西安历史博物馆藏

②河南洛阳北魏元劲墓出土持盾武士俑,洛阳市博物馆藏

图7-3 (两图均据实物写生)

两当铠是新一代铠甲,自两当铠始,出现了一系列新式铠甲。大批南北朝时期的墓中出土的武士俑,都穿一种胸前背后有两面圆护的铠甲,这是明光甲。

明光甲是一种比较精良、贵重的铠甲,不仅有披膊、腿裙,还有由原来的盆领变化而来的护项,防护面积明显比其他各种甲都大。除了胸背甲是整块的甲片外,其余都用小甲片编缀而成(图7-4①②、图7-5、图7-6)。

明光甲其名,可能与胸背甲上的圆护有关。

从魏晋时期起,铠甲已大都使用钢铁制造,但铁甲易锈蚀。为解决这个问题,制铠匠在实践过程中发现,钢铁防锈,除了髹漆还可以水磨,水磨以后不仅不容易生锈,而且还能产生明亮的反光,特别是在阳光下,使对方因目眩而影响视觉,从而给披甲者创造有利的攻击机会,于是,他们别出心裁地在胸背甲上特地安上两个凸出的圆镜。

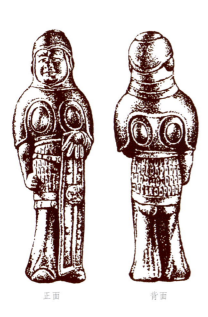

① 山西太原北齐娄睿墓出土持盾武士俑，太原市博物馆藏

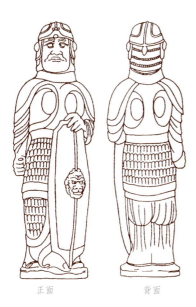

② 河北磁县东陈村东魏墓出土持盾武士俑，河北省博物馆藏

图 7-4

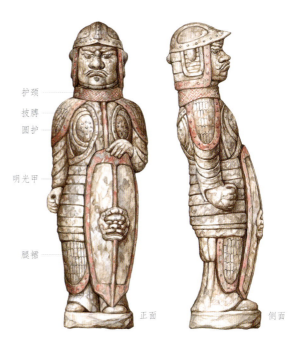

图7-5 北魏持盾武士俑（据实物写生，出土地点不详），河南博物院藏

护颈
披膊
圆护
明光甲
腿裙

图7-6 河北吴桥北朝墓出土武士俑（根据照片绘制），录自《文物》1984年第9期

汉代的铜镜背面，常铸有"见日之光，天下大明"的铭文，取明与光之意，明光甲之名可能即由此而来。穿这种铠甲的俑一般比同墓中其他俑都要高大，从这一点来分析，当时能配备明光甲的可能都是官品较高、兵种重要的武官将校。

南北朝后期，明光甲开始用束甲绊束甲，以使铠甲较贴身，便于行动。束甲绊的材料可能是皮条、丝线或绢帛。束甲时将甲绊套于领间，在领口处打结后向下纵束，至腹前再打结，分成两头围裹腰部后系束在背后。这种束甲方法一直沿用到唐末（图7-7）。

黑光甲与明光甲同见于东汉末曹植的《先帝赐臣铠表》，两种甲可能是相同类型，区别在于前者胸背甲上没有圆护，甲面用黑漆漆髹，犹如汉代时的玄甲。因找不到比较详细的文字描述，上述看法就作为参考，其形制参见图7-8。

除了以上几种具有代表性的铠甲以外，魏晋时期的筩袖铠也仍在继续使用，从一件制作比较粗劣的北魏俑上，可依稀分辨出仍保持着的原来形制（图7-9）。

图7-7 河北邯郸北响堂寺北齐石刻（第三窟中心柱宝床下小龛内神王雕像）

图7-8 江苏丹阳出土南朝墓室砖刻，录自《文物》1980年第2期

图7-9 内蒙古呼和浩特市北魏墓出土武士俑

保护头部的有兜鍪、胄、盔等。

兜鍪仍像魏晋时那样,顶部是一个半球形的胄顶,兜体用小甲片或几块大甲片拼制而成,但顿项,即兜鍪两侧和脑后下垂的、用于保护面颊与后脑的装置,明显加长,有的包裹整个项部,眉心间还有伸出的三角形护甲(图7-10)。这种兜鍪的实物在河北邺城曾有保存很完整的实物出土。1986年,河北邺城考古队在邺南古城址的朱明门外城壕中发掘出一批铁甲胄,其中有12件铁兜鍪,按形制可分为两种类型:

一型,就是已介绍的魏晋时期的这一种(图7-11①),从复原图上可以看出,该兜鍪的顿项很特别,它的边缘并不是平齐的,内衬的材料不可能在这种边缘上做包边,只能自然下垂任其披垫于内。

二型,兜鍪无胄顶,其外形与制作方法很像淄博汉代齐王墓出土的实物,但它的顿项要比汉代大许多,顿项的周边甲片上有细密的孔眼,这无疑是给内衬织物包边缝纫用的。这件兜鍪的脑后还可以开合,似乎可以根据人头的大小进行微调(图7-11②)。[36]

图7-10 宁夏固原北周李贤夫妇墓出土具装甲骑俑,宁夏固原博物馆藏

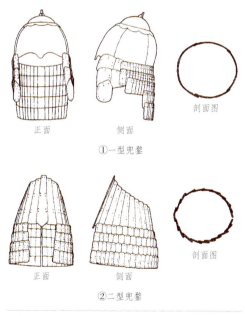

图 7-11

胄则用生铁整体铸成，在呼和浩特曾出土过一件实物，其外形与图7-9陶俑头上的胄完全相同，胄顶的短管是插羽毛缨饰的（图7-12①）。

盔的形制很有特点，一般以盔架铆上甲片制成（图7-6陶俑盔上的铆钉清晰可辨），前额有突出的冲角。这种盔有时可能也用铁架、皮革甲片铆合制成，在革制顿项的两耳处，有时为了便于耳朵听音还钉有圆形甲泡，甲泡上可能还开孔（图7-12②）。

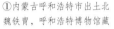

①内蒙古呼和浩特市出土北魏铁胄，呼和浩特博物馆藏　②河北吴桥北朝墓出土武士俑头，录自《文物》1984年第9期

图 7-12

在首铠中还有一种近似于邺城出土的二型兜鍪的罩甲，可能用铁片，也可能用革片制成，缚于额前用于保护前额部（图7-13①②）。这种罩甲大概为一般不太重要的军种的校尉、士兵所配备，在唐宋时期的俑和雕像上偶尔也能发现。

南北朝时期的铠甲虽然大量使用铁制，但也仍用皮革，或者两种材料结合使用（图7-14①②），其制作技术也有新的改进。

辽宁北票北燕冯素弗墓中曾出土了多种残甲联片，甲片全用皮线缀连成排，每排上缘都包以皮边。经过包边的排甲联缀成甲衣后，不再会因为弯折而使上下甲片自行摩擦损坏，由此可以看出当时制甲工艺的精湛（图7-15）。

南北朝时期还有一种大量使用的铠甲，就是"具装"铠。

《宋史·仪卫志》曰："甲骑具装，甲，人铠也；具装，马铠也。"文字资料证实，这一时期的骑兵常常数以千万计地装备具装铠。《晋书·姚兴载记》记姚兴击败乞伏乾归时，"收铠马六万匹"。可见人马都披铠的重装骑兵是当时军队的主力。

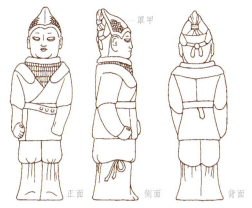
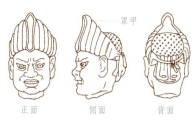

①河北磁县湾漳北朝墓出土侍卫俑，录自《考古》1990年第7期

②河北吴桥北朝墓出土武士俑头

图7-13 这两种罩甲内均先用巾包裹头发，罩甲缚于头巾的外面

①陕西安康市出土南朝部曲俑，铠甲都用皮革制成，只有盔、甲裙上钉有铁制盔顶和甲泡，西安历史博物馆藏

②山西太原北齐墓出土武士俑，胸甲是用铁甲片编缀的，甲裙和披膊则是用大块皮革制成，太原市博物馆藏

图 7-14

图7-15 辽宁北票北燕冯素弗墓出土铁甲残片实物，录自《文物》1973年第3期

从河南邓州和江苏出土的画像砖以及数量众多的甲骑具装俑上的马铠形象来看，其形制基本上与战国时期的马甲相同，只在马尻部多了一件称作"寄生"的装饰。

寄生的形状多种多样，制作材料也各不相同（图7-16①—④），南北朝后期寄生就逐渐淘汰了。马铠这时大部分用铁制，北燕冯素弗和集安高句丽等墓中出土的尺寸很大的铁甲片，据分析可能就是具装铠甲片（图7-17①②）。

①河南邓州出土彩色画像砖，录自《邓县彩色画像砖墓》，文物出版社1958年出版

②江苏镇江出土南朝墓画像砖拓片，南朝甲骑具装，镇江市博物馆藏

③云南昭通东晋霍承嗣墓壁画上的寄生形象

④吉林集安高句丽铠马冢壁画上的寄生形象

图 7-16

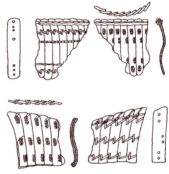

①北燕冯素弗墓出土大型铁甲片，录自《文物》1973年第3期

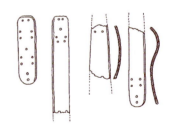

②吉林集安高句丽墓出土大型残甲片，录自《考古》1977年第2期

图 7-17

南北朝时期，很多帝王都是胡人、羯人，其军队也以胡人为主，随着他们的势力向中原地区扩展，很多胡人的服饰文化也被带了进来。因此，南北朝时期的戎服很具特色，不仅样式多，融合了多民族的服饰，而且因武官制度进一步完善，官兵在服饰

上有了更明显的区别。当时有很多戎服的式样对后世产生了深远的影响,其中以两当衫最为突出。

两当衫,长至膝上,直领宽袖,左、右衽都有,原来可能是作为两当铠的一种内衬戎服,军官和士兵都可服用。后来,武官在两当衫外披上与两当铠形制完全相同的布质或革质两当甲,作为武官的公事制服,一直使用到唐代中期(图7-18①②③、图7-19、图7-20)。

①河北磁县东陈村东魏墓出土武士俑,录自《考古》1977年第6期

②宁夏固原北周李贤夫妇墓壁画,录自《文物》1985年第11期

③山西太原北齐娄睿墓出土武士俑,录自《文物》1983年第10期

图7-18 ①右衽式两当衫,②③左衽式两当衫

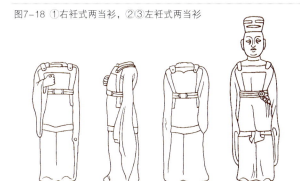
图7-19 两当衫外披布质两当甲的形象。河北吴桥北齐墓出土武官俑,录自《文物》1984年第9期

图G-7山西太原北齐娄睿墓壁画门吏像(据照片绘制),身上所披的两当甲可以清楚地看出是布制的

短袖襦，也是这一时期主要使用的戎服，其形制更具胡服特点：小袖口、左衽、右衽或前开襟，大翻领，单、棉都有。棉的可能像秦汉时期的絮衣，河北等地出土的一些陶俑身穿的短襦上都划有交叉形线条，发掘简报认为这是模拟皮甲，笔者以为这种线条可能是表示固定棉絮的缝线，就像现代的切线棉袄。穿这种软甲的可能都是不太重要的兵种和普通士兵（图7-21①②③）。穿短袖襦有时还袒露一臂，两当衫和帔风也有这种穿法（参见隋代）（图7-22①②）。

 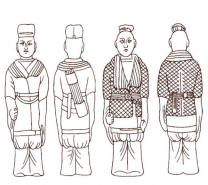 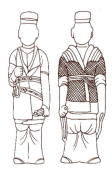

①山西寿阳县北齐厍狄回洛墓出土武士俑，襦为右衽，录自《考古学报》1979年第3期　②河北吴桥北朝墓出土武士俑，襦为左衽，录自《文物》1984年第9期　③河北磁县东魏墓出土武士俑，左为前开襟，右为左衽，录自《考古》1977年第6期

图 7-21

①两当衫袒露一臂的穿法，河北磁县茹茹公主墓壁画，录自《文物》1984年第4期　②河北磁县湾漳北朝陶俑，短袖襦袒露一臂的穿法，录自《考古》1990年第7期

图 7-22

襦袍，一般穿在短袖襦或铠甲内，也可直接穿在外面。衣长至膝，圆立领，衣襟在领右侧垂直向下，窄长衣袖，单、棉都有。棉的袖长盖手，这是北方民族服饰的特点，作用应是为了手的保暖。这种长袖在金代戎服中依然流行，清代时，更变化成能卷起放下的马蹄袖（图7-23①②）。

长袖，可能是保暖之用

①河北吴桥北朝墓出土仪仗俑　　②山西太原南郊北齐墓出土陶俑，录自《文物》1990年12期

图 7-23

北朝墓中出土的武士俑，披帔风、戴风帽的很多，反映出当时这类服饰使用很普遍，这可能与北方的气候比较寒冷有关。南北朝时期的帔风与汉代不同，它的形制像一件大衣，有领和袖，但穿时一般袖都空悬，并不套入。衣领在颌下交叉，用带或扣系结，长及小腿中部（图7-24、图7-25、图7-26）。

戎服裤基本沿袭东晋样式，一般都是大口裤，裤脚在膝下用带扎住，称为"缚裤"（图7-27），有时也用行缠（图7-28）。除大口裤之外，还有直统裤。河北磁县茹茹公主墓壁画上的仪卫武士均着直统裤（参见图7-22①），脚上穿圆头皮靴或尖头履，以穿靴为多。

图7-24 北齐将军俑，帔风穿在身上的正面形象，选自《中国美术全集》雕塑专集

图7-25 河南洛阳北魏元劭墓出土武士俑，领为厚棉领，洛阳市博物馆藏

图7-26 同图7-24，该俑的侧面可以清楚地看到垂于一旁的空袖

图7-28 宁夏固原北周李贤夫妇墓壁画持刀武士像，脚上为行缠

图7-27 河南邓州出土彩色画像砖，两武士均头戴平巾帻，着大口裤，缚裤

戎服的冠饰以平巾帻、帽较为普遍。

平巾帻的形制在魏晋时期变化成一种小冠，后部突起，以笄固定于发上（图7-29①②③）。

帽有突骑帽、合欢帽、风帽等几种。

突骑帽，为西域地区传进的帽式，很像后来的风帽，圆形顶部较合欢帽略低，两侧有垂下的颊披，帽沿口向脑后有系带。其形象参见图7-30①②。

合欢帽，一种丝织的，顶部圆形，由左右两片合成于中央的帽子，后沿反折向上。此帽式的出现可能是人们厌战，祈求社会安定，其命名恐怕有合欢团圆的寓意。其形象参见图7-30③。

风帽一般与帔风同时使用。

①江苏丹阳金家村南朝墓出土武士俑头，录自《文物》1980年第2期

②河南洛阳出土北魏升仙石棺前档石刻画像

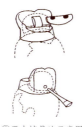
③平巾帻戴法示意图（供参考）

图 7-29

①突骑帽形象之一，洛阳古墓博物馆藏北魏彩绘仪卫俑

②突骑帽形象之二、三，河北吴桥北朝墓出土武士俑头

③

③合欢帽形象，陕西西安草厂坡北魏墓出土佩弓武士俑，西安历史博物馆藏

图 7-30

还有一些名称无考的小冠和帽，也经常出现在这一时期的武士俑、仪卫俑头上（图7-31①—⑥）。

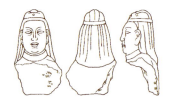

①风帽形象，河北吴桥北朝墓出土风帽俑和俑头

②河北吴桥北朝墓出土持盾武士俑和两种俑头

③风帽形象，河北吴桥北朝墓出土风帽俑和俑头

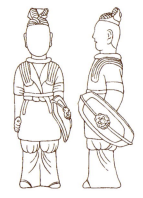

④河北磁县东陈村东魏墓出土持盾武士俑

⑤山西太原北齐娄睿墓出土骑俑

⑥河北吴桥北朝墓出土持盾武士俑和两种俑头

图7-31 ②—⑥的冠帽名称都无考；②的形象看上去像皮革制成的小冠；④的形象很可能是一种发髻；⑤的这种帽在隋代时仍然使用；⑥上的小冠好像是用布帛裹发束成的形象；⑥下所戴应称为一种帽，从盖住半个耳朵的情况来看，很可能是一种暖帽

戎服、铠甲外均束革带，带用带扣扣束。带扣经过魏晋时期的改进以后，其外形、结构已与我们今天使用的完全相同。束带时，习惯把带扣束在腰的左侧或右侧，而不像现代是放在正中间。带扣后面往往拖有很长一段带尾，横过前腹，绕过左胯，在背部把带头从下向上插入腰带，正如《孔氏谈苑》所说："古有革带，反插垂头。"革带表面钉饰的銙件数量也明显增多，带尾末端还增加了称作"铊尾"的新銙件（图7-32）。

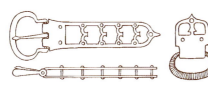
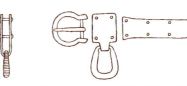

①宁夏朝阳八宝村出土北燕时期的鎏金带扣、带銙　②河北定州北魏石函中所出带扣、带銙和铊尾

③山西太原北齐娄睿墓出土武士俑　④《历代帝王图卷》陈宣帝像中之执扇侍臣，图中腰带为反插垂头的形象

图 7-32

根据史书记载，南北朝中，北齐、陈尚木德，色以青为主；梁属火德，以红色为尚；南朝宋、西魏、北周用水德，色尚黑；北魏为土德，色尚黄。但从大量出土的彩绘俑身上可以看出，戎服的色彩以红、白色为主，一般是朱衣白裤，有时是白衣白裤，只在衣服的镶边、铠甲外缘的包边上采用其他颜色。这种现象反映了汉代以后，军戎服饰的颜色更多地注重明亮、鲜丽；而大量使用红白等色，则与南北朝时期佛教、儒教的影响逐渐增大有关。儒教认为红、白、黑、蓝、黄是正色，其余由两种以上色相调配成的颜色是间色；凡是在正式场合使用的重要服饰，都应该用正色。孔子对于官服的紫色品级居于红色之上，就表示了极大的不满，《论语·阳货》"恶紫之夺朱也"，认为紫色是间色，决不能以此来压正色。

戎服用红白等色，一方面，可能也含有其军队是正大、堂皇之师的意思；另一方面，红色能给人一种威烈、令人振奋的视觉效果；而白色却具有肃杀、不可侵犯之意，用于军队都能起到一种威慑的作用。

冠、靴基本上都用黑色。铠甲则以金、银色为多，明光甲的一些边缘处，也常涂以金色，极少数的部位也配以湖蓝、绿等其他色彩。

隋代

公元 581—618 年

- 沿袭裤褶服形制，襦袍、短袖襦、缺胯衫等
- 皮甲或铁皮合甲，两当铠和明光甲等
- 兜鍪、盔、胄等
- 平巾帻、折上巾即幞头等
- 乌皮六合靴等
- 系腰带，带鞓装饰带銙
- 袍、衫以紫、绯、绿、青为主要颜色
- 军记带为徽识

图8-1 隋代武士复原图

- 甲胄根据安徽合肥、亳州隋墓出土武士俑复原;
- 戎服根据河南安阳、宁夏固原等隋墓出土武士俑实物复原;
- 革带带具采用宁夏固原隋墓出土实物形象;
- 兵器根据河南安阳等地出土瓷俑上的形象复原。

隋朝是中国历史上继秦代之后又一个短命的、但是统一的封建皇朝。由于建国时间短，在没有完成各种政治经济变革之前就已被推翻，因此很多方面还基本沿袭着南北朝的旧制，军戎服饰也是如此。

铠甲使用最普遍的仍是两当铠和明光甲。

两当铠的结构有所进步，形制也有一些小的变化。一般身甲全部用鱼鳞等形状的小甲片编制，长度已延伸至腹部，取代了原来的皮质甲裙。身甲的下垂缘为半圆形，其下还缀有似用皮革制的弯月形、荷叶形甲片，用以保护小腹。这些改进使腰部以下的防护大大增强（图8-2）。

明光甲的形制基本上与南北朝时期相同，只是腿裙变得更长。安徽合肥出土的两件陶俑的铠甲腿裙长至脚背，而且垂于正面（图8-3），穿有这种腿裙的铠甲当不便乘骑而只能步战。

步兵的甲胄装备已如此精良，骑兵当然更加坚固，湖北武汉出土的一件瓷武士俑身披的明光甲与兜鍪、顿项连成一体，就像现代的潜水服，其防护之严可见一斑（图8-4）。

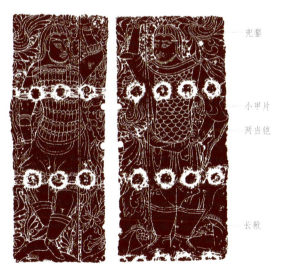

图8-2 陕西省三原县隋李和墓墓室石门线刻画（拓片局部），两武士头戴式样相同的兜鍪，均穿两当铠和长靴，臂甲的式样也相同，只有两当铠的甲片和形制略有差别

图8-3 安徽合肥西郊隋墓出土持盾步兵俑，选自《中国美术全集》雕塑专集

图8-4 湖北武汉出土持盾步兵俑（据照片绘制），湖北省博物馆藏

除了上述两种铠甲之外，也有胸背甲全部用铁甲片编缀的铠甲，这类铠甲是否即记载中所说的黑光甲？不得而知（图8-5）。

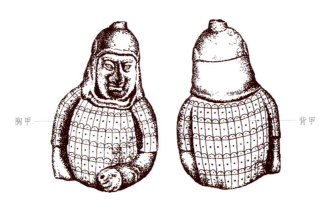

图8-5 陕西三原隋李和墓出土残骑俑，陕西省博物馆藏

可能由于连年战争,采矿冶炼等生产遭受破坏的原因,隋代还大量使用皮革制甲。《隋书·礼仪志》载:

> 大业七年,征辽东……第一团,皆青丝连明光甲,铁具装,青缨拂,建狻猊旗。第二团,绛丝连朱犀甲,兽文具装,赤缨拂,建貔豻旗。第三团,白丝连明光甲,铁具装,素缨拂,建辟邪旗。第四团,乌丝连玄犀甲,兽文具装,建缨拂(应为乌缨拂之误),建六驳旗。

这则记载表明,当时军队装备的铠甲有一半是皮甲。而根据多种形象资料分析,这时的皮甲实际上已不同于战国时期,并不一定全都用皮革制造,在各个要害部位都用了铁甲片来进行加固,其防护功能比纯粹的皮甲肯定要强得多。图8-6①、图8-7、图8-8的几件陶俑很明显地展示了这种皮铁合甲。当然,也会有全部用皮质铠甲,陕西三原隋李和墓的石棺椁上有一幅线刻武士像,身上的铠甲还保留着汉代前开襟的形制,甲片也较大,很可能就是全部用皮革制造的皮甲(图8-6②)。

①安徽亳州隋墓出土武士俑,俑的兜鍪、披膊、胸甲圆护很像铁质,而顿项、护肩、臂甲、腿裙都是革质,但护肩上还另缀有铁甲片

②陕西三原隋李和墓棺椁石刻像拓片,身上铠甲似为皮甲

图 8-6

图8-7 河南陕县隋墓出土持盾武士俑，甲身部分铁制，其余好像都是革制（据实物写生），西安历史博物馆藏

图8-8 河南安阳隋张盛墓出土武士俑，铠甲的胸甲圆护、兜鍪顿项、披膊、臂甲似为铁制，其余的为革制（据实物写生），河南博物院藏

  这时兜鍪、盔、胄除了继续采用南北朝时期的形制以外，也出现了一些新的式样，图8-4的那种像潜水服头盔的兜鍪，就是一种前所未见的首铠。

  作为铠甲部件的臂甲，这时出现了轮箍型的样式，较之薄片型的应该更加坚固。敦煌莫高窟420窟壁画上有一幅隋代武士图，胫部好像还有胫甲（图8-9）。

  战国时期所用胫甲已由云南江川李家山出土的青铜胫甲得到了证实，但其后直到南北朝，各种形象资料上都没有发现胫甲。这幅图的描绘虽然不够清楚明确，但或可说明隋代又重新开始使用胫甲。

  隋代还继续大量使用马铠，上文所引《隋书·礼仪志》的那则记载，就表明骑兵几乎全部装备马铠。从山西太原斛律彻墓出土的甲马骑俑上可以看出，马铠的形制好像还是没有变化，只是寄生已不再出现（图8-10）。

图8-9 敦煌莫高窟420窟武士像，图中铠甲俱为横线表示，胫部也有，所以疑是胫甲

图8-10 山西太原隋斛律彻墓出土甲马骑俑，录自《文物》1992年第10期

隋代初期的戎服基本上保持了南北朝的风貌，从各种形象资料上看不出有比较明显的改变，其基本形制是裤褶服。

武官的服饰，据《隋书·炀帝纪》记载，是戴平巾帻，穿裤褶。

河南安阳张盛墓出土的一对瓷武官俑，很准确地再现了这种服饰（图8-11）。这件瓷俑的平巾帻与南北朝相比较，冠体显著变大了，除此之外，两当衫外披两当铠和很宽大的裤，都一如旧制。两当铠除了绢布所制之外，也有可能用皮革制成，湖北武汉出土的两件陶俑身上的甲，腰部以下还绘有虎纹，看上去很像是毛皮所制（图8-12）。

武官的两当甲制裤褶服又名常服、从省服，为武官日常办公、上朝议事时的服饰。宫廷的侍卫、侍从也穿这种服饰，有时候，两当衫外也可以不披两当铠，这种穿法在南北朝的陈朝是正职武官的服饰，隋代如何，尚未发现有明确的文字记载（图8-13）。

中、高级武官除了常服外，还有专门的朝服，隋代朝服的形象资料，目前还未具体掌握，只能参考唐代的有关资料。

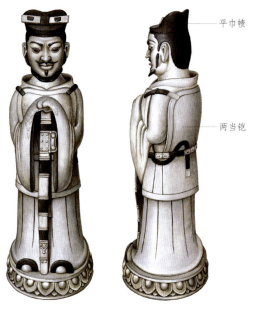

图8-11 河南安阳张盛墓出土黑白武官瓷俑（据实物写生），河南博物院藏

图8-13 宁夏固原史射勿墓壁画拄剑武士图，录自《文物》1992年第10期

图8-12 湖北武昌隋墓出土武士俑，录自《考古》1986年第1期

　　由此我们可以发现，隋代武官实际上具有三种服饰：出征作战的戎服铠甲，平时的公服和用于国家大典的朝服。这种情况从侧面反映了武官制度的进一步完善。

　　史载隋文帝建国以后，在调整、承袭北周、北齐武官制的基础上，曾采用曹魏以来的九品制，制定了一套比较具体、明确的武官名号、品级以及武散官制度。这套官制的确定，基本完成了封建政权文武分流的官僚体系。

军队的士兵和下级校尉的服饰，仍然是南北朝时期的襦袍和短袖襦。此外还有帔风，帔风除了衣领已变成单领外，其余各部分形制都没有变化，襦袍和短袖襦亦如此（图8-14①②③），当然，也有一些新的戎服服饰出现。

《中华古今注》云："隋文帝征辽，诏武官服缺胯袄子，取军用如服有所妨也，其三品以上皆紫。"所谓缺胯袄子，实际上是一种开衩的长衫。从宁夏固原史射勿墓壁画、河南安阳和安徽亳州隋墓出土的陶俑上可以看出，衫长至胫中部或脚背，盘圆领、右衽、小袖、开衩的情况资料上反映不甚清楚，可能是右侧衣纽扣至胯间，左侧裁开（图8-15①②③）。

武官穿缺胯衫时以颜色和织料来区分等级。缺胯衫无论式样、结构都与南北朝的襦袍十分相似，应该说是从襦袍变化而来的。

这种袍服在唐代受到社会各阶层人士的欢迎，无论男女都喜欢穿着，成了十分流行的时装，风靡了近半个世纪。近代男子的长衫和女士的旗袍，过去的观点都认为是受旗装的影响，而我以为，仍是缺胯衫的继续和发展。

冠饰方面，除了前面已提到的平巾帻，隋代还广泛使用称作"折上巾"的戎服冠饰。《大唐新语》卷十《厘革》说：

①仪仗俑　　　②武士俑　　　③持盾俑

图8-14 山西太原隋斛律彻墓出土，录自《文物》1992年第10期。武士俑的帔风只穿一袖，另一袖空悬身后，持盾俑亦如此

  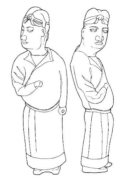

①宁夏固原隋史射勿墓壁画，其服饰已与唐代初期完全相同，录自《文物》1992年第10期

②河南安阳安阳桥村隋墓出土持盾武士俑（盾已脱落），录自《考古》1992年第1期

③安徽亳州隋墓出土的陶俑，录自《考古》1977年第1期。俑上将衣领翻开的穿法在唐代十分流行

图 8-15

　　隋代帝王贵臣，多服黄纹绫袍、乌纱帽、九环带、乌皮六合靴……后乌纱帽渐废，贵贱通用折上巾以代冠，用靴以代履。折上巾，戎冠也；靴，胡履也；咸便于军旅。昔袁绍与魏武帝战于官渡，军败，复（幅）巾渡河，递相仿效，因以成俗。

《云麓漫钞》卷三说：

　　幞头之制，本曰巾，古亦名折，以三尺皂绢，向后裹发。晋宋曰幕后，周武帝遂裁出四脚，名曰幞头，逐日就头裹之，又名折上巾。

　　上述记载表明，折上巾起始于东汉末的幅巾，南北朝时称"幕后"，其形象可以参考山西太原北齐娄睿墓壁画，其中有一幅出行武士图上有很多武士的发髻都用皂帛包裹，垂下一段飘于脑后（图8-16），这种妆束应就是幕后，在隋初的军队中也仍然使用（图8-17）。

图8-16 山西太原北齐娄睿墓壁画《出行武士图》,《中国美术全集》墓室壁画专集

图8-17 山西太原斛律彻墓出土军乐俑

变成折上巾以后,初期的裹法见图8-15②③,唐代称作"平头小样",隋末开始在幞头下加"巾子"。巾子实际上是一个假发髻,可以用桐木、丝葛、纱罗、藤草、皮革制作,扣在发髻上,以保证能裹出固定的幞头外形(图8-15①)。

隋代折上巾的形象资料,过去发现得很少,比较清楚、确切的资料大都是近十几年来才出土的。在这之前人们要研究它,只能根据文字资料,参考唐代的形象进行推测。傅熹年先生曾根据推测绘出了其系裹的步骤方法,现在看来是完全正确的(图8-18)。[37]

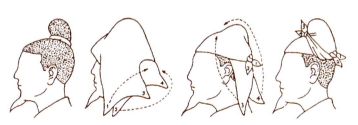

图8-18 傅熹年先生设计的幞头系法

折上巾之外，还有一些南北朝时期常用的巾、帽隋代也继续使用（图8-19①②）。

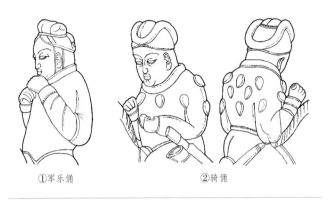

①军乐俑　　②骑俑

图8-19 山西太原隋斛律彻墓出土，骑俑的帽、服饰与北齐娄睿墓的骑俑基本相同（参见图7-31⑤）

军人穿戎服时，一般都穿乌皮六合靴。乌皮者，染黑的皮革也，六合可能是指由六块皮缝合而成。1983年在河南安阳隋墓中曾出土一双陶瓷的靴（图8-20），很可能就是这种靴。

图8-20 河南安阳安阳桥村隋墓出土瓷靴，录自《考古》1992年第1期

隋代的腰带基本上与南北朝时期相同。

河南安阳张盛墓出土的两件瓷俑身上的革带塑造得十分细致，给我们提供了十分清楚明了的形象（参见图8-8、图8-11）。其带面装饰的带銙已遍布整条腰带，而且往往在一根腰带上装饰两种以上造型相异的带銙（图8-21①—⑦）。

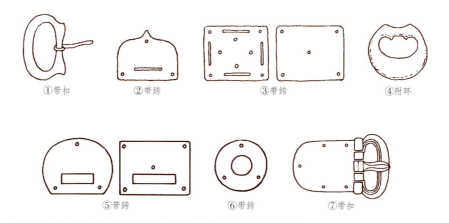

图8-21 ①—④隋姬威墓出土玉带具（出处、出土地点不详）；⑤—⑦宁夏固原史射勿墓出土金带具。录自《文物》1992年第10期

革带的带尾垂头插法与南北朝时期不同，带尾由下至上插入腰带后，一定要再折个弯，让垂头向下揩入腰带。这种插法据《新唐书·车服志》的解释，称"铊尾，取顺下之意"。

隋代戎服的颜色，《隋书·礼仪志》载：

> ……至六年后，诏从驾涉远者，文武官等皆戎衣。贵贱异等，杂用五色。五品以上，通着紫袍，六品以下，兼用绯绿，胥吏以青，庶人以白，屠商以皂，士卒以黄（与帝王的服饰黄色有明显不同）。

由此可见，戎服的袍、衫当以紫、绯、绿、青为主要颜色，而配之以浅红、浅绿、浅青、深绿、深青等颜色形成上下九品之制。两当铠则有金装、银装、金玳瑁装几种，大口裤一般以白色为主，折上巾、靴、履一般为黑色，铠甲的色彩从残留在陶俑上的彩绘颜色分辨，则以朱、白、黑等色为主，当然也包括两当铠的几种色彩。

隋代的军戎服饰上也有徽记，《隋书·礼仪志》载：

诸军各以帛为带，长尺五寸，阔二寸，题其军号为记……王公已下，至于兵丁厮隶，悉以帛为带，缀于衣领，名"军记带"。诸军并给幡数百，有事使人交相去来者，执以行。不执幡而离本军者，他军验军记带，知非部兵，则所在斩之。

军记带的作用、性质看来与汉代的章是相同的，而幡的作用，也许可以用来探究汉代幡的用途。

唐代

公元618—907年

- 初唐：沿袭旧制；中唐：奢华、仪典之用；晚唐：恢复实用，形成定制
- 铠甲材质，种类多
- 兜鍪、盔等，有装饰
- 缺胯袍、盘领窄袖袍、短后衣、抱肚、背子等
- 平巾帻、幞头、抹额等
- 系腰带，在带铐下面的环上装有小皮带——"蹀躞带"，便于佩物
- 佩物制度废除后，出现佩鱼制度
- 长靿、短靿、乌皮靴、舄履或麻鞋
- 以黑、红、白、紫为主

图9-1 唐代武士复原图

- 甲胄根据河南洛阳、陕西乾县、新疆吐鲁番阿斯塔那和陕西礼泉昭陵陪葬墓等唐墓出土彩绘武士俑、三彩武士俑等形象复原;
- 戎服根据陕西西安长乐公主墓壁画、鲜于庭诲墓出土参军戏俑等形象复原;
- 织物纹样根据新疆吐鲁番阿斯塔那唐墓出土实物描绘;
- 革带根据日本白鹤美术馆藏西安何家村出土实物复原;
- 兵器根据内蒙古科尔沁出土实物,陕西西安杨思勖墓石刻形象复原。

唐朝是我国封建社会的鼎盛时期。它的政治、经济和文化艺术都对历史发展具有深远的影响。史学界根据唐皇朝由盛至衰的转变过程，习惯上把它分为初、中、晚三个时期。这三个时期在各个方面都有较鲜明的特征，军戎服饰也是如此。

初唐的铠甲和戎服基本保持着南北朝以来至隋代形成的式样和形制；武德中期、贞观以后，在进行了一系列服饰制度改革的基础上，渐渐形成了具有唐代风格的军戎服饰；高宗、则天两朝，国力鼎盛，天下承平，上层集团奢侈之风日甚一日，戎服和铠甲的绝大部分脱离了实用的功能，演变成美观豪华、以装饰为主的仪典服饰；"安史之乱"后，重又恢复到金戈铁马时代的那种利于作战的实用状态，特别是铠甲，晚唐时已形成基本固定的形制，在此后相当长的一段时间内，一直没有出现较大的变化。

唐代的铠甲，据《唐六典》记载，有明光、光要、细鳞、山纹、乌锤、白布、皂绢、布背、步兵、皮甲、木甲、锁子、马甲等13种。其中明光、光要、细鳞、山纹、乌锤、锁子是铁甲，后三种是以铠甲甲片的式样来命名的。白布、皂绢、布背、皮甲、木甲，则各以制造材料命名。

在铁甲中，仍以明光甲使用最普遍。

唐代初期，明光甲的形制除护项外，结构和外形与隋代基本相同，没有明显的区别（图9-2、图9-3①）。护项在领口处出现两个外翻的圆钩，有的勒甲索就套在这两个圆钩上纵束，向下与腿裙的束带相连接，在胸部乳下用第二根勒甲索横过身体勒束胸背甲，横直两根束甲绊在胸前交叉处用一个圆环加以固定。（图9-5、图9-7）束甲大部分除利用护项圆钩外，则仍沿用南北朝以来的方法，这种方法使用时间较之上一种更为长久（图9-3②、图9-4、图9-6、图9-8、图9-9、图9-10）。

图9-2 河南洛阳龙门石窟敬善寺石窟南侧天王像，此窟开凿于麟德元年（664）

123　｜　唐代

①湖南长沙出土持盾武士俑,湖南省博物馆藏

②陕西咸阳独孤开远墓[据考证为贞观十六年(642)]出土持盾武士俑,咸阳市博物馆藏

护项及圆钩
束甲绊

图 9-3

图9-4 河南洛阳龙门石窟杨氏洞外北壁左侧天王像

图9-5 河南洛阳龙门石窟潜溪寺石刻天王像,此窟开凿于永徽元年(650)

图9-6 河南巩义石窟寺石刻天王像

图9-7 四川成都万佛寺遗址出土石刻造像,像身似未穿铠甲,但束甲部分刻勒清晰,四川省博物馆藏

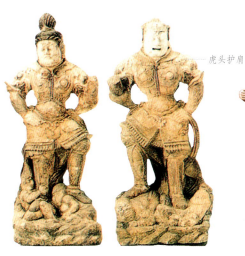

图9-8 陕西西安南郊出土汉白玉天王像，西安市文物研究所藏

图9-9 陕西礼泉郑仁泰墓出土贴金彩绘武士俑（据实物写生），西安历史博物馆藏

图9-10 敦煌莫高窟264窟彩塑天王像

　　进入永徽（650—655）以后，铠甲肩部出现了有虎头、龙首造型的护肩，披膊有的垫在护肩下，有的为护肩取代（图9-8、图9-9）。对肩部防护的加强，可能是一种称作"陌刀"的兵器大量使用的缘故。

　　这种出现于唐初的长约3米的砍刀，对肩部的威胁较大，其杀伤力也要比矛戟等穿刺兵器强得多，因此就要进一步加强上半身的防护。臂甲的上部也安装了皮质的像撑开的伞一样的护甲，用于保护肘部。身甲的腹部增加了与胸背甲上同样的圆形护甲（图9-9、图9-10、图9-11、图9-12）。腹部使用圆形护甲并不始于唐代。

　　1992年在云南江川李家山西汉墓内出土了一条铜扣金腰带，铜扣是一面直径25厘米左右的圆形镜，镜面镶嵌了大小两个玉环，中心是一个突起的尖角。这根腰带系束在腰间，铜扣的圆镜正好起到护腹的作用，这无疑是腹甲的起始（图9-13）。在腿裙前面开衩处，还出现了保护下腹部的短而小的鹘尾。小腿部开始使用胫甲，胫甲好像是前后两片组成，用皮带上下纵横束绊住的（图9-8、图9-10、图9-11、图9-14）。

图9-11 河南洛阳出土唐代三彩镇墓武士俑，洛阳市博物馆藏

图9-12 河南安阳修定寺塔外壁砖雕（据照片绘制）

图9-14 甘肃永靖炳灵寺石窟168窟彩塑天王像

 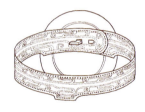 

正面　　　　　　背面　　　　圆镜剖面图

图9-13 云南江川李家山西汉墓出土铜扣金腰带。这件实物与同墓出土的鼓座铜俑身上的腰带完全相同（参见图5-28）

　　盛唐后期至唐末，胸腹部的圆护上也出现了各种兽头吞口等雕塑形象，这种改变使圆护甲失去了反光镜的作用。从形象资料上看出，这一时期的大部分铠甲又重新开始全部用小甲片编制，但结构上仍保持了明光甲的形制，用于束甲的绳索或皮条已为皮革所取代，保护下腹的鹘尾也逐渐变得宽大起来（图9-14、图9-15、图9-16、图9-17、图9-18）。

图9-15 唐代石刻天王像（据实物写生，像上腹前与身后的飘带，为这时期出现的佛像上的装饰，实际生活中并无此物），上海博物馆藏

图9-16 日本教王护国寺藏唐木造毗沙门天王像，像身铠甲雕刻细致，质感逼真，弥足珍贵

凤翅形装饰

图9-17 山西五台山南禅寺大殿彩塑天王像，寺建于建中三年（782）

图9-18 山西五台山佛光寺东大殿彩塑天王像，寺建于大中十一年（857）

光要甲与明光甲的区别，目前尚无可靠资料以供参考。至于细鳞、山纹、乌锤等甲，细鳞应是鱼鳞甲片的另一种叫法，可能这时期的这种甲片特别小，所以称作"细鳞"；山纹甲片在南北朝的北燕冯素弗墓中曾有实物出土（图9-19），这种凸型甲片与图9-15、图9-17的天王像铠甲上的甲片有一定的相似之处；唐代铠甲上还经常出现一种长条形，上缘有一小圆头的甲片，或许就是乌锤甲片（参见图9-9武士俑的腿裙）。

唐代的铠甲中，步兵甲也是比较重要的一种。与明光甲相比，步兵甲的腿裙比较长，且一般不开衩；如果开衩，也要使两片相交合拢处相互重叠，不留空隙。胸前甲片有时仿照明光甲，上缀圆形铁护（图9-20①②、图9-21①②）。

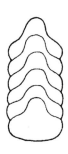

图9-19 北燕冯素弗墓出土凸型甲片，录自《文物》1975年第3期

①陕西西安高氏墓出土武士俑（据照片绘制），录自《考古学报》1976年第2期

②陕西西安唐李寿墓石棺线刻画（根据实物写生、描摹），陕西省博物馆藏

图 9-20

唐代的皮甲，在形制上都仿照明光甲。唐初，各部结构与外形都沿袭隋代，贞观之后，出现了具有唐代特点的胸甲、披膊和腿裙。唐末的皮甲，则与盛唐时期的明光甲在形制上相差无几（图9-22①②③、图9-23）。从图像资料上可以明显看出，在皮甲的重要部位和某些部件上，都缀有铁制圆护、甲片（参见步兵甲）。这种现象可以说明，区分唐代的铁、皮甲，应以铠甲甲片主要用何种材料制成为据。

唐代的铠甲制造技术十分先进。在新疆和陕西西安曲池地区出土的铁、皮甲片，尺寸都很小，加工十分精致，甲片的编连有用麻绳、皮线，也有用铆钉铆接的（图9-24①②③）。甲片编连成甲衣后，用皮革和绢帛上下两层做内衬，各部分的边缘还用织锦包出宽宽的包边，有的还在包边外镶缀虎、豹、熊等毛皮，或用锦缎打褶做装饰（参见图9-8、图9-9、图9-15、图9-20）。

盛唐时期的彩塑、墓中出土的陶俑以及石刻天王、武士造像上，经常出现一些装饰十分繁缛、华美的铠甲，这些铠甲一望而知既不可能用铁，也不像用皮革制成，实际上就是《唐六典》中说的绢甲。

绢甲是一种仪仗甲，一般不用于实战，只是宫廷侍卫、武士的戎服，它的出现可能是受到武官公服的帛制两当甲的启示。这种甲是用图案华美的绢或织绵作面料，内衬数层厚帛制成。和皮、铁甲一样，绢甲上也镶有皮革、金属制造的饰件、甲片。绢甲的问世，给铠甲的形制也带来了一种全新的式样，这种式样使整件甲衣上下连成一体（在此之前，铠甲的腿裙与身甲不相连

①《武士出行图》（局部）

②右起第一人临摹像（根据西安历史博物馆复制品临摹）

图9-21 陕西西安昭陵陪葬墓唐长乐公主墓壁画

属），摊开时就像一块裁剪开的衣片，披挂上身后，从后向前围裹起来，用胸部和腰部上下两重束甲的方法，使甲衣紧紧地包裹在身上。这种式样较之以前的任何式样，在穿着上都更加利索、合理。

①陕西咸阳唐墓出土武士俑，录自《中国古俑白描》，北京工艺美术出版社1991年12月出版　②陕西礼泉唐昭陵陪葬墓出土武士俑，昭陵博物馆藏　③河南洛阳偃师唐柳凯墓出土武士俑（据照片绘制），洛阳市博物馆藏

图9-23　敦煌莫高窟第322窟彩塑天王像

图 9-22

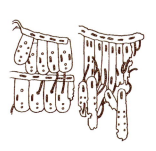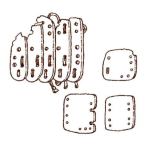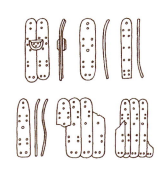

①新疆出土铁甲片　②新疆出土皮甲片摘自[日]原田淑人《支那古器图考·兵器篇》　③陕西西安曲池地区出土铁甲片

图 9-24

能比较清楚地反映绢甲的结构、形制的形象资料，首推陕西省乾县唐永泰公主墓出土的高达2米的镇墓武士俑，和新疆吐鲁番阿斯塔那张雄墓出土的彩绘木雕天王俑。笔者有幸亲见了这些极为珍贵的文物，并对它们作了仔细的观察和写生记录，从这两件俑身上，基本可以了解唐代这种绚丽多姿的绢甲的面貌（图9-25、图9-26）。其余如上海博物馆展出的甘肃敦煌出土的三彩武士俑、敦煌莫高窟194窟的彩塑天王像等，也都是典型的参考资料（图9-27、图9-28、图9-29、图9-30）。《唐六典》中的布背甲，应也属于绢甲一类。笔者在西安考察时，于唐代艺术博物馆内发现一尊彩绘天王俑，其铠甲的背甲形象吸引了笔者：那块又宽又厚、上缘向后弯垂的背甲，很可能就是布背甲（图9-31）。因为若用数层皮革叠成如此厚度，一定坚硬如铁，决不可能出现塑像上那种因束甲绊勒束而出现的内陷凹痕和上缘外弯的情况。

图9-25 彩绘木雕天王俑（据实物写生），新疆吐鲁番阿斯塔那206号墓出土 新疆维吾尔自治区博物馆藏

图9-26 陕西乾县唐永泰公主墓出土彩绘镇墓武士俑（据照片绘制），此俑背部损坏较严重，大部分颜色已褪去。陕西乾县乾陵博物馆藏

图9-27 三彩镇墓天王俑（据实物写生），甘肃敦煌出土，上海市博物馆藏

图9-28 汉白玉雕天王像（残，据实物写生），陕西省博物馆藏

图9-29 敦煌莫高窟194窟彩塑天王像

图9-30 敦煌莫高窟194窟彩塑天王俑

图9-31 彩绘天王俑（根据实物写生），西安唐代艺术博物馆藏。此像铠甲的胸、腹、鹘尾，胫甲好像由皮革制成，兽头护肩应是金属制成，其余可能都是绢制

唐代的木甲和锁子甲，现在没有形象资料可以参考。木甲的制造很可能仍用战国时期以木为芯，外包皮革的方法。锁子甲在唐代是最精良的铁甲。

据记载，唐代还使用过纸甲。《新唐书·徐商传》："徐商襞纸为铠，劲矢不能洞。"其形制目前同样没有资料可以参考，但据推测，必定是用很多层纸叠粘在一起，做成较大的甲片拼缀而成。纸叠厚到一定程度，的确具有相当强的抵御能力，但如果做成小甲片，其硬度必然降低且极易损坏，这种纸铠如果遇到火攻或水淹，其后果一定不堪设想。

唐代兜鍪、盔的形制随着铠甲的变化，也有一个变化过程。

初期，明显可以看出与隋代的相同之处（参见图9-3①、图9-22①、图9-21）；贞观以后，盔的顶上多以半圆形铁胄顶取代隋代的盔脊（参见图9-3②、图9-20①、图9-22②③、图9-27）；盛唐以后，盔的顿项有的整个向上翻起，有的向两侧斜卷，盔顶或装饰羽毛，或装饰铁珠。（图9-32，参见图9-11、图9-27、图9-29）盔顶有铁珠的铁盔，黑龙江宁安县曾有实物出土（图9-33）。

图9-32 陕西扶风县法门寺地宫出土鎏金舍利宝函（法门寺博物馆藏）。宝函镂刻的天王像头上的兜鍪顿项向上翻起，这种式样为唐末、五代时期普遍采用，兜鍪顶上的圆球形胄顶与黑龙江的出土实物完全相同

图9-33 黑龙江宁安县渤海国遗址出土唐代铁盔，盔用十二块铁片铆接而成（据实物写生），哈尔滨市博物馆收藏

在这一时期出土的天王俑上，还大量出现盔顶饰有鸟雀形象的头盔（图9-34、图9-35）。从这种头盔仅见于墓中出土的陶俑上，而不见于同期的壁画、彩塑和雕刻作品这一现象来判断，可能与很多鼻子和角高高卷起的龙首状的护肩一样，是一种夸张的艺术装饰，实际上并不存在。但也不能完全排除有的可能，唐代与东南亚各国有着密切的文化交流，我国古代的很多文化科学技术都是在这时传播到世界各国的，为这些国家和民族所吸收运用，铠甲制造也如此。在日本古代铠甲的头盔中，就有很多是以动物作为盔顶装饰造型的（图9-36①—④）。因此，不能完全否定唐代鸟雀装饰的头盔的存在。

晚唐的盔顶开始用大朵红缨做装饰，盔的左右两侧、后脑部开始向下延伸至耳轮、枕骨下，两侧出现了凤翅形的装饰（参见图9-17、图9-18）。这种式样的盔和中期护颊、护项向上翻起的盔，后来流行于五代和宋朝，西夏、辽等朝也竞相模仿。

唐代还使用兽头盔。这种盔从图9-37的形象来看，好像是用野兽头骨、皮毛所制（前面可见兽脚，后面还拖了一条兽尾），内衬铁或皮帽衬，帽衬有时还与假面连成一体。

图9-34 三彩镇墓天王俑(据实物写生),洛阳市博物馆藏

图9-35 三彩天王俑,洛阳市博物馆藏

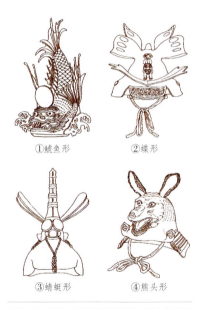

图9-36 日本室町时期的头盔,摘自[日]笹间良彦著《日本甲胄图解词典》,雄山阁出版株式会社1988年10月出版

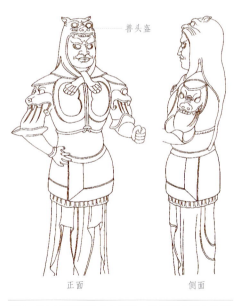

图9-37 三彩镇墓武士俑正、侧背面(据实物写生),西安唐代艺术博物馆藏

假面是一种用薄金属制作的保护面部的面铠，在商代时就开始使用（图9-38①），北齐时代的歌舞《兰陵王》表演的就是兰陵王戴假面作战的故事。还有一种称作"半面"的面铠，这种面铠不罩住面部，只遮盖住前额和两颊。

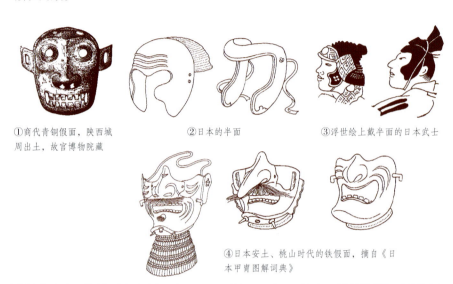

①商代青铜假面，陕西城周出土，故宫博物院藏
②日本的半面
③浮世绘上戴半面的日本武士
④日本安土、桃山时代的铁假面，摘自《日本甲胄图解词典》

图 9-38

洛阳曾出土一件三彩武士俑，发表此俑的图册注解为戴假面武士俑（图9-39），可笔者认为此俑所戴其实是半面。半面的实物目前还未发现，日本保存的很多面铠，可以给我们提供形象上的参考（图9-38②③④）。

唐代也使用马铠，但一般不是用于实战。从文字记载和形象资料所反映的情况来看，重装骑兵在隋末已逐渐退出战场，一系列反映唐初战争场面的石窟、墓室壁画和雕刻（如昭陵六骏），几乎看不到战马披铠的形象，只有在一些帝王墓室的随葬俑中，才能见到装饰华丽、贴金彩绘的骑甲俑。这些俑以懿德太子墓出土的最为突出（图9-40、图9-42），这种具装可以明显看出是作为仪仗队的装饰而使用的。古代皇家典礼中，用铠马作仪仗早已有之，魏晋时期的冬寿墓壁画上就有这种场面的描绘（图9-41）。

图9-39 三彩武士俑,头部可以清楚地看出戴有半面,半面的式样与日本古代的半面很相似。河南洛阳唐墓出土,见《中国美术全集》雕塑专集

图9-40 彩绘贴金骑马俑(据实物写生),陕西乾县懿德太子墓出土,陕西省博物馆藏

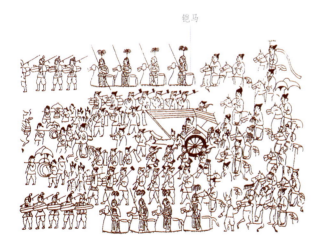 

图9-41 朝鲜黄海北道安岳冬寿墓壁画《冬寿出行图》,录自《考古》1959年第1期

图9-42 甲马武士俑(根据照片绘制),陕西咸阳底张湾唐墓出土,录自《文物参考资料》1954年第10期。此俑的人、马甲都好像是绢甲,甲上的虎纹应像汉代那样,是印染或绘上去的

唐代的戎服在初期也基本沿袭隋制，贞观以后，由于与边疆少数民族和世界各国的交往日多，受到外来文化习俗的影响，首先从宫廷、上层社会开始，形成一种"尚胡"的风气。《旧唐书·舆服志》说："太常乐尚胡曲，贵人御馔，尽供胡食，士女皆竞衣胡服，故有范阳羯胡之乱，兆于好尚远矣。"这种风气自然也影响到军戎服饰。

"安史之乱"以后，唐皇朝试图通过实行某些矫枉过正的变革措施来挽救政治上的颓势，重新对服饰等方面的制度做了一些新的规定，明令禁止了一些明显具有外来服饰影响的宫廷礼服，恢复了一部分古典传统服饰，但总体上还是保留了原有的风格特点。

唐代是我国历史上武官制度全面建成的时期，因此唐代武官的服饰比过去历代更为完备，官服有朝服和常服之分，服用范围是朝廷九品以上的武官，朝服为朝会或举行隆重典礼时所穿的礼服，朝服的形制参见图9-43。常服为平时及一般礼仪场合穿着的服装。

常服在初唐时期仍然沿袭了隋代的平巾帻制，《新唐书·车服志》载：

平巾帻者，武官，卫官公事之服也。金饰，五品以上兼用玉，大口裤，乌皮靴，白练裙、襦，起梁带。陪大仗，有两当、螣蛇。朝集从事、州县佐史、岳渎祝史、外州品子、庶民任掌事者服之，有绯褶、大口裤，紫附褠（褠相当于现今的袖套，形如臂甲）。文武官骑马服之，则去两当、螣蛇……两当之制：一当胸，一当背，短袖覆膊。螣蛇之制：以锦为表，长八尺，中实以绵，象蛇形。

图9-43 陕西乾县唐章怀太子墓壁画"礼宾图"从左至右，第一至第三人为唐代官员朝服形象，第四人为东罗马国使者，第五人为高句丽国使者

这里说的襦、褶，实际上就是两当衫，与隋代一样，两当衫外也可不披两当甲。这种常服制，至唐代中期仍继续使用。其中说的有短袖的两当和螣蛇，还未在至今所掌握的形象资料中发现或识别出来（图9-44、图9-45①②）。

①李寿墓石棺线刻画（拓片），陕西省博物馆藏

②陕西三原唐李寿墓壁画，录自《文物》1974年第9期。两图所绘人物均为仪仗队

图9-44 陕西乾县乾陵神道武臣石刻像，此墓约建于公元684—704年之间

图 9-45

盛唐后期，开始出现一些变化，首先是平巾帻开始慢慢地变成高耸的大冠，冠顶两个外翻的圆角尚保留着一点平巾帻的遗像。贞元十五年（799）以后，因德宗皇帝下诏废止裤褶制，主要指朝服、常服，其余不限，此后武官服裤外还要加裳（图9-46、图9-47、9-48）。

武官的专门戎服为缺胯衫，衫的形制与隋代好像没有不同，两侧开衩的推测，因唐代有关的形象资料描绘得十分清楚而得到证实（图9-49）。衫以颜色和绣纹（这是隋代没有的）来区分品级。

图9-46 陕西西安王家坟唐代唐安公主（即德宗皇帝之女）墓室石门线刻武官像，录自《文物》1991年第9期

图9-47 唐建陵神道武臣石像，陵建于宝应元年（762）

图9-48 三彩武官俑（据实物写生，出土地点不详），冠上的金饰和玉珠饰与《新唐书·舆服志》所载相符，上海博物馆藏

①唐永泰公主墓墓室右门、石棺椁线刻画，录自《文物》1964年第1期。右一人似为女服男装，这是唐代的时尚

②陕西西安王家坟唐代唐安公主墓壁画男侍图，画像上两侧开衩的情况画得十分清楚，录自《文物》1991年第9期

图 9-49

《中华古今注》载：

> 至武德元年，高祖诏其诸卫将军，每至十月一日皆服缺胯袄子，织成紫瑞兽袄子，左右武卫将军服豹文袄子，左右翊卫将军服瑞鹰文袄子。

以后对绣纹又作了变动。《旧唐书·舆服志》记载：

> 延载元年五月，则天内出绯紫单罗铭襟背衫，赐文武三品以上。左右监门卫将军等饰以对师（狮）子，左右卫饰以麒麟，左右武威卫饰以对虎，左右豹韬卫饰以豹，左右鹰扬卫饰以鹰，左右玉钤卫饰以对鹘，左右金吾卫饰以对豸。

由于没有实物参考，难以了解这些绣纹的形象，至于绣纹绣在袍服上的位置，可以参考图9-50。

唐代的缺胯衫在膝的上下位置处，还要将袍裾裁下一段缝上，这是贞观年间应丞相长孙无忌的请求而做的改进，表示上衣下裳连成一体的古深衣制的遗像（图9-49、图9-51）。

士兵的戎服有两种，一种是缺胯袍，另一种就是盘领窄袍。

图9-50 唐画《纨扇仕女图》中人物

图9-51 唐李寿墓壁画列戟图局部

士兵的缺胯袍自然不会像军官那样绣有纹饰，盘领窄袍和南北朝、隋朝的襦袍有相似之处，但衣服下摆明显大于襦袍，左侧不开衣衩，衣和袖好像比缺胯衫更窄更紧，下着大口裤，头戴折上巾，唐代称"幞头"（图9-44、图9-51）。

幞头使用的范围至唐代已远远超出军队，皇帝和文武百官、文人学士都喜欢戴这种冠饰。在整个唐代，幞头曾流行过多种不同的式样，从高祖至玄宗时期，先后出现了平头小样、武家诸王样、英王踣样和开元内样四种幞头。为了说明这四种幞头的差别，笔者根据各个时期的形象资料，列出对照图表（图9-52），供读者参考。

开元以后，幞头的造型仍有一些小的变化，但区别已不甚明显，到了晚唐幞头已变成一种无须系裹、随时可戴的帽子。

在幞头发生变化的同时，幞头的系脚也在发生变化。唐初只是两条下垂的带子，盛唐时有的系脚下垂少许再上折搭于脑后，幞脚有的采用绢一类较软的材料制作，使其能随着人的活动而飘拂；有的用纱、罗等稍硬的材料制作，使其两脚微微分开像燕尾，形成一个固定的造型。晚唐时幞脚都用硬质材料（铁等）作骨架，使其向两边撑开，有时还微微上翘（图9-52）。

唐代的武士还时兴在幞头外包一块红色或白色的罗帕，称作"抹额"。抹额的形象在李贤墓壁画上有所描绘（图9-53），推测其系裹方法当如图9-54。据《中华古今注》云："……不被甲者以红绡抹其首额，禹王问之，对曰：此抹额，盖武士之首服。"似乎抹额的出现远远早于唐代，其实这种说法是不可信的，其中明显带有后人述说神话的口吻。

唐代也出现过一些新的戎服，很多有关唐代的文献中经常提到的"短后衣"，就是其中之一。如《太平广记》载："唐

图9-53 陕西乾县唐李贤墓壁画，见《中国美术全集》墓室壁画专集

图9-54 抹额的系裹方法示意图

图9-52 唐代幞头形象对照图表，此图表参照了傅熹年先生《关于展子虔〈游春图〉年代的探讨》一文的附图，详见《文物》1978年第11期

玄宗在洛……未明陈仗，盛列旗帜，皆被金甲，衣短后绣袍。"岑参《北庭西郊候封大夫受降回军献上》诗："自逐定远侯，亦着短后衣。"

这种戎服到底是一种怎样的服饰，历来众说不一。笔者从西安出土的一对参军戏俑身上的袍服得到启发，提出一些看法供参考、讨论。

这两件俑的袍服领、袖、衣襟很像南北朝的襦袍，但前衣下摆尖而垂地，后摆则平直，正好比前摆短一截，具有短后的特点（图9-55）。

参军戏，起自后赵石勒，以俳优演出某参军的故事作为笑谑，因为演的是军人，演员肯定会用某种戎服作为演出服装。对照杨思勖墓出土石刻侍从像，其前衣下摆虽挽起塞入腰带内，但垂下的两个前摆尖角则十分清楚，若放下正好形成与参军戏俑袍服一样的形象（图9-56）。而同时期的敦煌彩塑天王像，甲内所衬的绣袍都前摆下垂尖角而后摆平直（图9-57），据此认为，这种袍服可能就是短后衣，短后衣在宋元诸朝一直广泛使用。

在新出现的戎服中，还有一种称作"半臂"的服饰。半臂又称"背子"，据记载，起自秦代，隋炀帝时后宫嫔妃好服，至唐代以后，军人武士也经常服用，其形象可参考西安长乐公主墓壁画《出行图》中之人物服饰（图9-58）。

图9-55 陕西西安鲜于庭诲墓出土参军戏俑　　图9-56 陕西西安杨思勖墓出土石刻像，陕西省博物馆藏　　图9-57 敦煌莫高窟159窟彩塑天王像（盛唐时期作品）

图5-58 陕西西安唐长乐公主墓壁画出行图中人物,根据西安历史博物馆复制品临摹

唐代后期出现了一种后来称作"抱肚"的戎服附件，抱肚成半圆形围于腰间，初期一般都束于铠甲之外，其作用可能是为了防止腰间佩挂的武器与铁甲因碰击、摩擦而相互损坏，或发出响声影响军事行动。后来在戎服外也束抱肚，成为戎服的一种装饰，至元、明时仍使用，颇为时尚。唐代抱肚的式样参见图9-59。

唐代无论男女尊卑、文臣武将，都好穿长靿短靿乌皮靴，靴头尖而起翘。但武官着朝服、常服时，也穿鞋头饰有云头装饰的乌履或麻鞋。新疆吐鲁番曾出土了一双基本完好的唐代麻鞋（图9-60），这双鞋与道因法师碑上线刻武士像脚上的鞋（图9-61）极为相似。

图9-59 重庆大足石刻第五窟毗沙门天王像　　图9-60 新疆吐鲁番出土唐代麻鞋，新疆维吾尔自治区博物馆藏

图9-61 唐道因法师碑碑座线刻武士像，陕西省博物馆藏

唐代的革带吸收了少数民族的特点，在革带饰件——带銙下面的环上，装有一根根的小皮带，称作"鞢䩞带"，这种鞢䩞带是为了便于佩挂东西。

唐代初期，鞢䩞带最高等级为十三銙。《新唐书·李靖传》载："靖破萧铣时，所赐于阗玉带十三胯，七方六刓（即圆），胯各附环，以金固之，所以佩物者。"

由此可见，一根革带上有两种造型不同的铐，从出土实物来看，以方形为主，配以桃形或拱形（图9-62①—④）。盛唐以后，铐下的环逐渐废去，鞢鞢小带直接穿过铐上的"古眼"垂挂下来（图9-63①②）。鞢鞢带所佩的，是一些根据朝廷的规定各级文武官员必须随身所带的物件如刀子等（图9-64①②）。《旧唐书·舆服志》载：

> 上元元年八月又制：一品以下带手巾、算袋，仍佩刀子、砺石，武官欲带者从之。……景元中又制：令依上元故事，一品以下带手巾、算袋、其刀子、砺石等许不佩。武官五品以上佩鞢鞢七事，七谓佩刀、刀子（匕首）、砺石……火石袋等也。

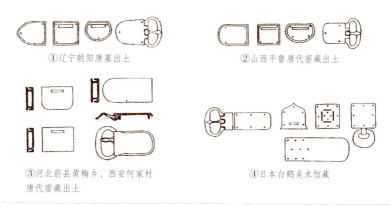

①辽宁朝阳唐墓出土　　②山西平鲁唐代窖藏出土

③河北蔚县黄梅乡、西安何家村唐代窖藏出土　　④日本白鹤美术馆藏

图9-62 各地出土的唐代带具实物

①唐画《虢国夫人游春图》中人物　　②唐懿德太子墓石棺椁线刻人物，此图可以看出带铐古眼上装鞢鞢带的形象

图 9-63

佩物制度废除以后，带銙下的鞢韘也逐渐废去，日本正仓院收藏有一根唐绀玉带，就是没有鞢韘的腰带（见图9-64③）。佩物制度废止后，为了区分官员的勋级，又实行了佩鱼制度。

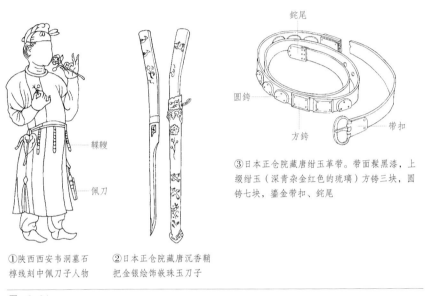

①陕西西安韦洞墓石椁线刻中佩刀子人物　②日本正仓院藏唐沉香鞘把金银绘饰嵌珠玉刀子　③日本正仓院藏唐绀玉革带。带面髹黑漆，上缀绀玉（深青杂金红色的琉璃）方銙三块，圆銙七块，鎏金带扣、铊尾

图 9-64

"鱼"原为出入宫廷的信符，相当于汉代调动军队的虎符，分成两半，一半保存在皇宫里，另一半由出入皇宫的官员装在鱼袋内佩戴在身。高宗时期，给五品以上随身银鱼袋，三品以上金饰袋。武则天时代，鱼袋逐渐成为官员勋级的标志。《新唐书·车服志》记载：

> 垂拱中，都督、刺史始赐鱼。天授二年，改佩鱼皆为龟。其后三品以上龟袋饰以金，四品以银，五品以铜。中宗初，罢龟袋，复给以鱼。郡王、嗣王亦佩金鱼袋。

《旧唐书·舆服志》记载开元时期，"百官赏绯、紫，必兼鱼袋，谓之章服"（章服，即以纹饰为等级标志的礼服）。后来还把鱼袋作为褒奖军功的赏赐，因此，下级校尉佩鱼袋也很多。鱼袋的形象可参考图9-65①②。

①陕西乾县李贤墓壁画上佩鱼袋的武士　　②敦煌莫高窟156窟晚唐壁画中佩鱼袋的官员

图 9-65

唐代带銙的制作材料也有严格规定。唐代品官用銙制度（据《新唐书·车服志》记载）如下表所示：

官品	官服颜色	带銙
一、二、三品	紫色	金玉带、銙十三
四品	绯（深红色）	金带、銙十一
五品	浅绯	金带、銙十
六品	深绿	银带、銙九
七品	浅绿	银带、銙九
八品	深青	鍮石带、銙八
九品	浅青	鍮石带、銙八
流外官（吏员）及庶人	黄	铜铁带、銙七

革带的带面称"鞓",鞓有时用锦帛包裹,有时髹油漆,初中期为黑鞓,唐末至五代改用红鞓。革带垂头的插法仍按隋制(图9-66①②③)。

唐末,还出现了双带扣、双铊尾的革带,这种革带由长短两条腰带组成,最初只用于勒束铠甲,五代以后袍服外也开始束用(图9-67①②)。

①三品以上十三銙金玉带(根据日本正仓院收藏的唐绀玉革带绘制)

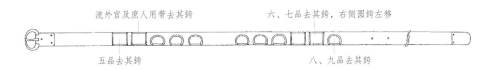

②四品十一銙金带,五品十銙金带,去右侧第一方銙,六、七品九銙银带,去右侧最末方銙,八、九品八銙鍮石带,去最末圆銙

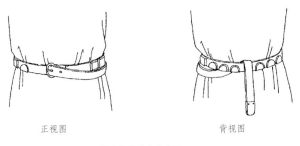

③唐腰带系束示意图

图9-66 唐代七至十三銙革带系用示意图

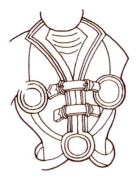 

①敦煌莫高窟154窟中唐壁画毗沙门天王像中的双带扣、双铊尾带　②日本教王护国寺毗沙门天王像上的双带和、双铊尾腰带　——铊尾

图 9-67

唐代戎服的色彩，前文已多涉及，一般以黑、红、白、紫为主。

盛唐时期的绢甲则五彩斑斓，色彩鲜艳华丽。武官的常服三品以上服紫，五品以下服绯，六七品服绿，八九品服以青，以后因深青色乱紫，改为八九品着碧。

黄色在唐高宗乾封年以前的历朝服饰中，并不是皇帝的专用色，从唐高宗总章元年（668）起，才规定官民一律不许穿黄。

铠甲则以金、银、黑色为主，这可以从很多贴金涂银的彩塑上得到证实。唐代的鎏金、贴金、包金等金属装饰工艺闻名遐迩，这种工艺如用于装饰铠甲应是绰绰有余的。

图9-68 唐代武士复原图

- 铠甲根据陕西郑仁泰墓、河南洛阳等地出土陶俑、三彩俑以及甘肃敦煌、炳灵寺彩塑天王像复原、设计；
- 胄根据黑龙江宁安县出土实物复原；
- 戎服根据陕西三原唐李寿墓壁画形象复原；
- 革带根据辽宁朝阳唐墓出土实物复原；
- 佩剑采用日本正仓院藏唐样大刀实物形象。

五代十国

公元907—960年

- 基本沿袭唐末形制

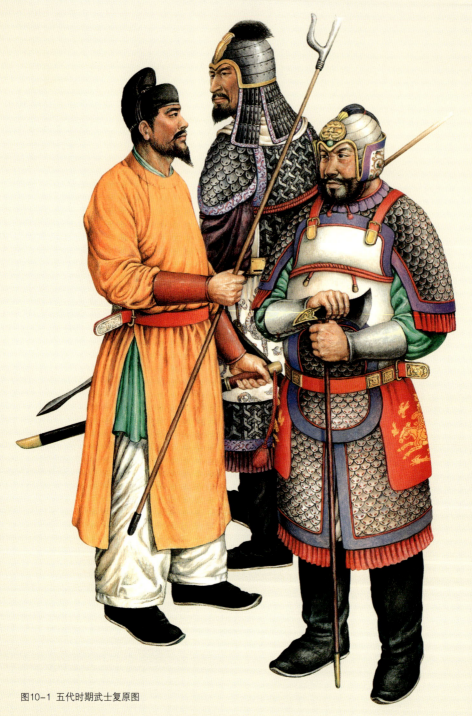

图10-1 五代时期武士复原图

- 甲胄根据四川成都王建墓石刻银饰片上的形象复原;
- 戎服根据福建王审知墓出土陶俑、甘肃敦煌壁画上的形象复原;
- 革带根据王建墓出土实物,参照该墓石刻和敦煌壁画上的形象复原;
- 兵器根据敦煌壁画和王建墓出土的银饰片上的形象复原。

五代十国从朱温灭唐建立后梁起，前后约50年，其间政权更迭，朝令夕改。绝大部分朝代是唐皇朝派驻各地的封疆大吏建立的，因此在服饰等方面基本沿袭唐末制度。

铠甲方面，形象资料比较集中的是四川、江苏、福建等地区出土的文物和敦煌壁画，三地当时分属前蜀、南唐、闽等国，铠甲的式样都基本相同。

明光甲这时已基本退出历史舞台，铠甲重又全用甲片编制，形制上变成两件套装。

从前蜀王建墓石棺周围的石雕像上可以看出，披膊与护肩连成一件，像嵌肩一样套在肩上；胸背甲与腿裙连成另一件，以两根肩带前后系接，套于披膊护肩之上。这种两件套甲衣，使胸背要害部位具有两层防护，披膊护肩一件的胸背部分如用铁甲片编制，外套一件的胸背甲则用皮革或布帛制作。反之，胸背甲仍用铁甲片编制见图10-2①②③、图10-3，有时内外两件会全用甲片编成。王建墓出土的宝盝盖上有四件武士像银饰片，武士的铠甲就是如此（图10-3），这种两件套形制的铠甲，是晚唐以来出现的又一种新式样。

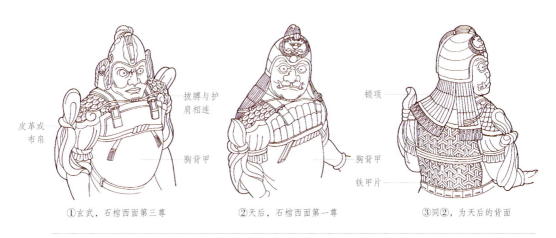

①玄武，石棺西面第三尊　　②天后，石棺西面第一尊　　③同②，为天后的背面

图10-2　四川成都前蜀王建墓石棺周围的石刻力士像，石棺四周一共有12尊石像，均为半身，成都王建墓博物馆藏

图10-3 石雕力士像与石棺床

保护腹部的圆腹甲，有的钉缀在外件甲衣上，有的用皮带另外束上（图10-4）。腿裙与初、盛唐时期相比已明显加长，一般要掩至膝下，因前后开衩而成为左、右两片。腿裙的这种形制一直到铠甲被废除之前也没有再改变过。

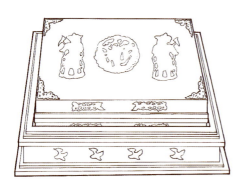

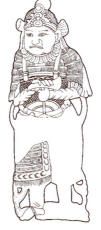

成都王建墓出土的宝盝，用于收藏唐朝册封蜀王的谥宝，分内外两层，图上外层的宝盝盖已去掉没有画上，武士银饰片即是钉在盝盖上的，内、外层各两枚

内层宝盝盖银武士饰片

外层宝盝盖银武士饰片

图 10-4

铠甲的甲片除了长方形之外，主要是山纹和细鳞形。纵向勒甲索已不使用，而改为在胸部用丝或帛带横束（图10-5①②）。

①福建闽王王审知夫妇墓出土武士俑，此俑身上的铠甲已与后来宋代的铠甲基本上完全相同了，录自《文物》1991年第5期

②江苏江宁南唐李昪墓出土陶武士俑，左一俑的胸甲好像还保留着唐代明光甲的式样，录自《南唐二陵》文物出版社1957年版

图 10-5

唐末以来，引起铠甲腿裙加长的直接原因是马具进一步完善后，骑兵的战斗能力加强了，从而对骑兵的保护要求也更高了。

自魏晋时期出现全副马具以后，经过隋唐的不断改进，马鞍的结构已日趋完美，马镫也早已成为双镫，战士骑在马上可以脚踩双镫，不仅容易保持身体平衡，而且能脱出双手，左右开弓，随心所欲地使用兵器。这样一来，敌我双方都能骑着马进行武技比较复杂的战斗，在马上使用兵器的武术也就迅速发展起来。

作战方法的改变，使身体的任何暴露部分都可能受到伤害，于是要求铠甲尽可能地扩大遮盖面积，事实上不仅是腿裙，披膊也加宽加长了不少。

五代时期也继续使用皮甲，从敦煌261窟彩塑的形象来看，皮甲好像都是用大块的皮革制成。这种大块的皮甲与初唐时期322窟彩塑天王像的甲很相似（参见图9-23），但大块的皮甲与出土的唐代小而精致的皮甲片不仅不能吻合，而且相去甚远。敦煌彩塑的塑造手法都很写实，若是小甲片，一定会一一塑造出来，因此大甲片也可作另外的解释，即根本不是皮甲，而是绢甲或绢皮合甲。相对而言，把镇国寺天王像的铠甲定为皮甲更为可信，虽然据有关资料证实，镇国寺的佛像曾多次被修整过，原来的风貌已失去很多，[38]但服饰的各部分大结构是不可能被改变的，所以它仍具有参考的价值（图10-6、图10-7）。

兜鍪、盔也沿袭盛唐以后的形制，基本分为两种：一种是晚唐时期顿项向上翻卷的式样（有的只有两侧护耳翻起），另一种是顿项披垂的式样。

披垂的顿项有时分成三片，左右两片较窄，后面一片较宽；有时只有脑后一片，披垂的顿项都是用甲片编制的（图10-8，参见图10-2）。图10-6的顿项则属于个别现象，看上去完全像纺织品，这或许更能旁证其身上的绢甲。

图10-6 敦煌莫高窟261窟彩塑天王像

图10-7 山西平遥镇国寺万佛殿彩塑天王像

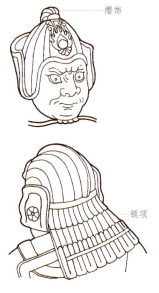

图10-8 四川成都王建墓石刻像头盔细部

兜鍪、盔的正面沿口，出现比较宽的盔檐，中间部位镶以各种饰品，眉心处仍像唐代一样伸出保护眉心的锐角。顶上一般饰以红缨（或其他颜色），缨有两种装法：一种竖直向上，另一种披垂于脑后，有的还保留着隋代的盔脊和唐初的半圆形胄顶（图10-9，参见图10-8）。

图10-9 江苏江宁南唐李昪墓墓门石刻守陵武士像

五代时期的戎服也一如唐制，武官和士兵一般都戴幞头，服缺胯衫。

士兵的缺胯衫比唐代的稍短，武官的仍保持了唐中期的长度，衣衫的下摆后面比前面稍长一截，与唐代短后衣正相反。袖有宽窄两种，以窄袖为多；领也分为盘领、交领；两侧的衣衩开到腰际，特意露出一截内衬的短衫作为装饰。侍从或士兵为便于行动，有时还将前衣摆提起，掖在腰带内。下穿裤，裤口较小，接近于现代的直统裤。足穿长靿靴或履，靴头有的平圆，有的尖而起翘（图10-10①—④）。

除缺胯衫外，还有一种交领短袖衫，是否属缺胯衫的一种，尚不能肯定。穿这种短袖衫时，前衣下摆要兜住裆下，服用这种服饰的可能是最底层的侍役、杂务人员（图10-10⑤）。

①敦煌莫高窟第61窟西壁壁画"五台山图"：河东道山门西南"巡道军士"图

②敦煌220窟甬道北壁供养人像

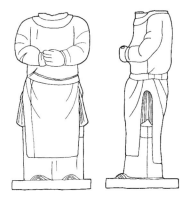

③福建闽王王审知墓出土残仆俑（因是侍从俑，原来手中可能还持有兵器），录自《文物》1991年第5期

④同墓出土的仆俑。此俑身上的缺胯衫好像是短袖，录自《文物》1991年第5期

⑤同墓出土的仆俑，此俑上身残，好像是赤膊，手上捧的好像是靴。上衣脱下折起后，用双袖系在腰间，衣身前后摆一兜住裆下，一披在臀后，其穿衣方法甚为奇特，录自《文物》1991年第5期

图 10-10

五代时期变化最多的是幞头的脚。《幕府燕闲录》说：

> 五代帝王多裹朝天幞头，二脚上翘，四方僭位之主各创新样，或翘上而反折于下，或如团扇、蕉叶之状合抱于前。伪孟蜀始以漆纱为之，湖南马希范二脚左右长丈余，谓之龙角，人或误触之，则终日头痛。至刘汉祖始任晋为并州衙校，裹幞头脚左右长尺余，横直之不复上翘，迄今（宋）不改其制。

这里所说的都是幞脚的造型。"朝天幞头脚"始于唐末（图10-11①），"合抱于前者"在辽、金时仍使用，而马希范所创的"龙角"，后来成了宋代皇帝的常服冠（图10-11②、图10-12）。据记载，这时期的幞脚往往还镶嵌珠宝作为装饰，武将所戴亦如此。

①《斗鸡图》中人物，顾闳中作，头上所戴为冲天幞头

④王建石像头部的侧俯、侧背面形象

②宋嘉定年间刻本《天竺灵签》木刻插图，人物所戴为直脚幞头

③四川成都王建墓出土的王建石刻像（据照片绘制），王建墓博物馆藏

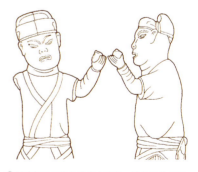

⑤福建闽王王审知墓出土陶俑，幞头形象与王建像基本相同，录自《文物》1991年第5期

图 10-11

图10-12 托西大王曹议金供养像,见《张大千临摹敦煌壁画》,四川人民美术出版社1985年版。曹议金的幞头直脚中间细、两头宽,角圆形,不同于宋代的粗细一致、方头,两侍从的幞头为合抱于前的式样

不仅是幞脚,幞头的造型也有变化。

唐后期的开元内样,顶与巾子两部分的区别已不甚明显,幞头像一顶圆锥形高帽。晚唐起两部分差别重又明显起来,至五代,往往习惯用桐木等把幞头的正面撑得有棱有角,在幞顶和巾子之间,用带,有时还裹上小木棍或其他材料的小棒,紧紧压住幞顶,使隆起的巾子垂直向上。这样的幞头从正、侧面看,都是方方正正的了(图10-11③④⑤)。

抱肚在这时广泛流行起来,但一般仍束于铠甲外,戎服外还不使用。抱肚很长,大都要垂至膝下,外形也有所改变,唐代"ε"形缘已经过时,方形圆角开始流行(图10-13)。

唐末,铠甲的护项逐渐被取消,继而代之的是在颈间系肩巾。五代开始大量使用肩巾,一般以锦帛为之。系肩巾除了能使颈部保暖防尘外,主要还是为了让顿项和背甲之间有种隔离,减轻两块甲衣的摩擦,便于头部转动。这种装饰,在宋元明等朝更为流行(参见图10-13)。

图10-13 江苏江宁南唐李昪墓出土武士俑

五代时期使用最普遍的腰带有两种：一种是唐末出现的双带扣、双铊尾腰带；另一种是双带扣、单铊尾腰带。王建墓出土的一条玉大带，就是此类型的腰带，在当时似乎是帝王勋贵使用的（图10-14）。这一时期的敦煌壁画上的供养人像，好像都束这种带（图10-10②），它的最大优点是不用插带尾。王建墓的玉大带曾由专家进行复原并制作了复制品，这件复制腰带如束于腰间，带銙都在背后，这与墓内石棺旁的石雕力士和王建石像所系腰带的情况相符（图10-15，参见图10-3）。但从敦煌壁画上的形象来看，有的带銙装饰在腰带正面（图10-16），有的则在左右两侧和后背，空出腹部中间一段不装带銙（图10-10②、图10-17）。

图10-14 四川成都王建墓出土玉大带铊尾，王建墓博物馆藏

图10-15 四川成都王建墓出土玉大带复原制品

图10-16 敦煌莫高窟346窟南壁射手图，射手腰带前的圆型带銙，曾有隋代实物出土

据此，笔者设计出一种新的复原方法，供参考和讨论（图10-18）。

①归义军节度使曹延禄供养像，张大千临摹，台北故宫博物院藏。此像腰间佩挂的饰物可能是鱼袋。从唐至宋代的鱼袋实物至今没有发现过，判定为是鱼袋的形象都是根据文字资料推测的，这幅像中的鱼袋，很可能是唐宋之间的一种新式样

②敦煌第146窟窟顶壁画中西北角北方天王旁持伞力士像

图 10-17

图10-18 带銙在后背、双带扣在腰两侧的单铊尾腰带复原图

宋代

公元960—1279年

- 基本沿袭五代时期的形制
- 重新开始使用帔风
- 貉袖、绣衫、勒帛
- 幞头、抹额、束发冠，普通士兵有衣甲而无兜鍪，头戴皮笠子
- 腰带多为『筍头带』，带銙
- 佩鱼制度
- 戎服颜色多种

图11-1 宋代武士复原图

- 铠甲根据河南巩义宋陵石刻、山西运城关帝庙石刻、四川广元宋墓石刻、山西太原晋祠铁铸像、四川眉山虞公著墓壁画等形象复原；
- 胄根据山东郯城宋墓出土实物和《武经总要》上的插图形象复原；
- 戎服根据河北定州静志寺出土鎏金天王像、宋人绘《薛仁贵像》、四川广元宋墓石刻和四川遂宁毗卢寺石刻等形象复原；
- 革带根据宋人石刻、河南嵩山中岳庙铁铸像上的形象和江苏常州等地宋墓出玉带具实物复原；
- 兵器采用传世实物"李纲锏"和浙江杭州岳王庙陈列兵器实物形象。

后周大将赵匡胤利用周世宗早逝、率军出征的良机，发动陈桥驿兵变，建立了北宋皇朝。出于统一战争的需要，他十分重视军队建设和军备生产。他的"旬课"措施（每十日一次亲自校阅首都皇家南北作坊制造的各种军事装备），极大地促进了铠甲等兵器制造技术的提高，使北宋初年的戎具精劲，前所未有。

但晚唐以来武将骄横日滋、拥兵割据的弊病和宋太祖自己夺取皇位的事实，促使宋皇朝制定出一整套以文制武、兵权分立的措施。这些措施被奉为宋室治军的家法而代代相传，一开始颇有实效，但经过后来几位庸帝的滥意发挥，使北宋军队出现了冗兵、积弱和对外战争每战必败的严重局面。公元1127年，北宋皇朝终于蒙受"靖康之难"而被迫逃亡。

南渡以后，南宋小朝廷也一直处于孱弱状态，以宋高宗为首的主和派抱着偏安一隅的心理，极力阻挠军队和人民的抗金斗争，甚至不惜纳币称臣，以杀害岳飞和解除主要抗金将领的兵权为交换条件，与金签订屈辱的和约。因此南宋一朝根本无心顾及军备生产，这是铠甲制造处于落后停滞状态的一个重要原因。

造成铠甲生产停滞的另一重要原因，是火器的发明。

北宋初炼丹家发明的火药，很快被制成火器开始用于战争，虽然这些火器的杀伤力在当时还很有限，但却使军事家们看到了它的发展前景。经过不断改进，南宋时火器威力已有很大提高，这就使人们认识到铠甲在战争中的防御作用已越来越小，尽管以后还使用了数百年，但它已不像从前那样受到重视了。

有关宋代的铠甲资料较为丰富，既有史料书籍的文字记载，也有很多形象资料，但实物资料却几乎没有。

北宋初年的铠甲，据《宋史·兵志》记载，有金装甲、长短齐头甲、连锁甲、锁子甲、黑漆顺水山字铁甲、明光细网甲等多种铁甲；还有一种以皮革作甲片，上附薄铜或铁片制成的重量较轻的软甲。当时专门从事铠甲制造的东、西作坊把铠甲制造的过程分成51道工序，对铠甲各个部件的甲片叶数，重量都有明确规定，使铠甲生产走向规范化。正因为如此，目前全国各地发现的宋代文物上的铠甲形制基本上都是一致的。

成书于宋庆历四年（1044）的《武经总要》，是我国一部记述有关军事组织、制度、战略战术和武器制造等情况的重要军事著作，其中刊录的五领铠甲的插图，是宋代铠甲形制的第一手资料（图11-2）。

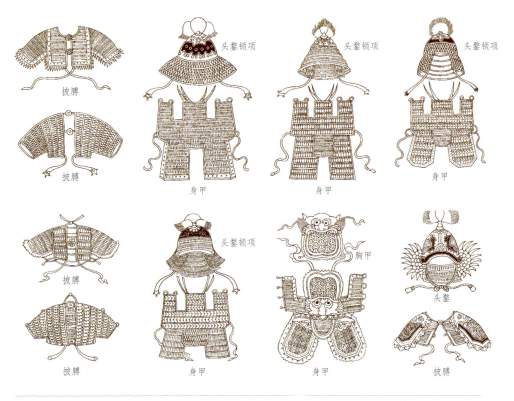

图11-2 《武经总要》甲胄插图，录自郑振铎编《中国古代版画丛刊》

这五领甲胄中，第一领看来是将帅用甲，另四领为一般军官和士兵用甲。

从图上可以明显看出，甲身的胸、腹甲和腿裙、鹘尾连成一体，展开时形成一个平面，背甲分成左右两片，在中间用纽扣或布带束扣。胸甲上缘有两根肩带以连接背甲，这是五代以来的两件套铠甲，披膊和护肩作为另一件的形象在这里表现得更为清楚和容易理解。

立体形象资料首推河南巩义宋陵石刻。巩义宋陵葬有北宋太祖至哲宗七个皇帝，每座陵前都有数量相同的石刻造像，原神门前的镇陵武士全都是顶盔贯甲，手持金钺的，雕刻手法传神、写实。图11-3、图11-4、图11-5分别是永熙陵（太宗赵光义墓）、永昭陵（仁宗赵祯墓）、永裕陵（神宗赵顼墓）前的镇陵将军，这些石刻成于公元997年至1085年。从这些石像身上的铠甲可以看出，在前后约90年的时间里，形制没有什么变化，与五代时期相对照，永熙陵武士的兜鍪、前额的装饰、顶上红缨的装法与王建墓力士像的基本相同（参见图10-2）。只有顿项的式样不同，永熙陵、永裕陵顿项的护颊、护项连成一体，披垂下来后覆盖了整个肩部，用带在颔下系结，这种顿项起到了护项和护肩的双重作用。披膊披挂于身甲之外，胸甲有的是大块甲片的（参见图11-3），也有用与身甲相同的小甲片编成的，背甲则一律是小甲片编成（参见图11-4、图11-5）。

永昭陵、永裕陵镇陵将军的兜鍪两侧还出现了凤翅形的装饰，缨饰向上竖起，胸甲前有兽面铁护。这些石像的年代与《武经总要》成书的年代较近，如果把石像与插图两相对照，可以发现很多的相同之处。

图11-3 河南巩义西村陵区永熙陵镇陵将军像

图11-4 河南巩义回郭镇陵区永裕陵镇陵将军像

图11-5 河南巩义孝义陵区永昭陵镇陵将军像

与《武经总要》的插图更接近的是山西运城关帝庙的石刻像和山西晋祠的铁铸像（图11-6、图11-7），虽然一个是半身，一个有残缺，但留存的铠甲部分塑造得都十分细致，使我们能清楚地观察出各个部分的结构。

图11-6 山西运城关帝陵石刻半身武士像（据照片绘制），关帝陵博物馆藏

图11-7 山西太原晋祠北宋铸铁像（据实物写生）

处于北宋后期的永昭陵镇陵将军的铠甲，除了兜鍪的顿项变小，正面不再合拢系束颔下外，其余各部结构一如旧制。

综合上述石刻、铸像，加上成都东郊、陕西勉县老道寺出土的两件陶俑的铠甲形象（图11-8、图11-9）可以发现，北宋铠甲基本沿袭了五代时的形制。只有披膊的结构和穿戴方法有时略有不同。至于束甲，除了少数仍用皮带外（参见图11-3），一般都如五代时期，用丝带或帛带横束。

图11-8 四川成都东郊三〇八厂出土三彩武士俑（据实物写生），成都市博物馆藏

图11-9 陕西勉县老道寺出土红陶武士俑（据实物写生），西安历史博物馆藏

南宋时的铠甲也还是上述形制（图11-10①②③），首铠出现了形如凉帽的盔，山东郯城曾出土了一件铜制的，式样与虞公著墓壁画的武士头盔很接近（图11-11）。从此时盔还用铜铸这一点，似乎可以看出南宋时期铠甲生产的落后和不受重视。

①贵州遵义永安乡南宋杨粲墓墓门石刻武士像,《中国美术全集》雕刻专集　②四川眉山虞公著墓壁画,录自《考古学报》1985年第3期　③成都龙泉驿西河公社南宋墓出土三彩武士俑（据实物写生），成都市博物馆藏

图 11-10

图11-11 山东郯城出土南宋铜盔,铜盔檐口铸有"宝祐四年吉日冀"七字铭文,"宝祐"系南宋理宗赵昀的年号,宝祐四年为公元1256年

  宋代也仍然使用皮甲,这在《武经总要》中也有记载。

  上海博物馆收藏的一座真人大小的石刻天王,身上的铠甲、披膊用的是山纹铁甲片,身甲的大部分可能是革制（胸、腹部的圆护甲应是铁制）。束甲仍使用唐代时那种纵横十字形方法,带为双带扣双铊尾革带,其中自颔下垂直向下连接腹部圆护甲的皮带,在其他雕像上也出现过（图11-12）。这根皮带使人联想到护腹甲好像不是固定在身甲上,而是垂挂于铠甲外,用腰带和横向束甲带将其固定的（参见图11-6）,但是这在《武经总要》的插图里没有反映。

宋代也有仪仗用甲，称作"五色介胄"，外表装饰十分华丽。《宋史·仪卫志六》中记载：

> 甲以布为里，黄絁表之，青绿画为甲文（纹），红锦缘，青絁为下裙，绛韦为络，金铜钑，长短至膝。前膺为人面二，自背连膺，缠以锦腾蛇（锦带）。

敦煌55窟的彩塑天王身上的铠甲，看上去与上面的描述十分相似（图11-13）。绢甲的甲片用颜色涂画可能不只是宋代的事，唐代就已经这样做了。

图11-12 北宋石刻天王像（据实物写生），上海博物馆藏

图11-13 敦煌55窟佛坛南侧天王彩塑

宋代出了不少女将军，如传说中的穆桂英和实有其人的梁红玉等。她们所穿铠甲与男用甲有何不同，四川广元宋墓石刻为我们提供了很有价值的形象参考。

此墓是夫妻分室合葬墓,确切年代为南宋庆元元年(1195)。西室为女主人墓室,东西两壁上有两幅石刻女武士像。女武士的铠甲、戎服都一样,头戴束发冠,用带系结颔下,身披铁甲(没有披膊),内衬宽袖戎服,肩系肩巾,腰间束袍肚,脚上穿靴(图11-14①②)。[39]

四川泸县颇多宋墓,2000年以来屡屡发生盗墓事件,当地文物保护部门曾通过抢救性发掘,征集到一批宋墓石刻,其中也有好几件表现女将军的石刻,图11-14②的两件,一戴笠,一戴兽头盔,身上铠甲有披膊,甲外罩穿甲袍,腰束带,与广元的形象略有差异。[40]

这两处的女将军,铠甲除了腿裙中间的间隔、保护下腹的鹎尾比男用甲的宽大之外,其余好像没有什么不同。虽然头上大多未戴胄,但如戴的话,可能也不会有新的、变化很大的式样。

①四川广元宋墓墓室石刻,左:西室西壁女武士像;右:西室东壁女武士像录自《文物》1982年第6期

②四川泸县宋墓石刻,录自《泸县宋墓》(根据照片绘制)

图 11-14

宋代也使用纸甲和马甲。据《宋史》记载，仁宗康定元年曾"诏江南、淮南州军造纸甲三万副"，《涌幢小品》卷十二记述了当时纸甲的造法："用无性极柔之纸，加以锤软，叠厚三寸，方寸四钉，如遇水雨浸湿，铳箭难透。"

马甲在《武经总要》里有记录和附图（图11-15），文字注释说："裹马装则并以皮，或如列铁，或如笏头，上者以银饰，次则朱漆二种而已。"

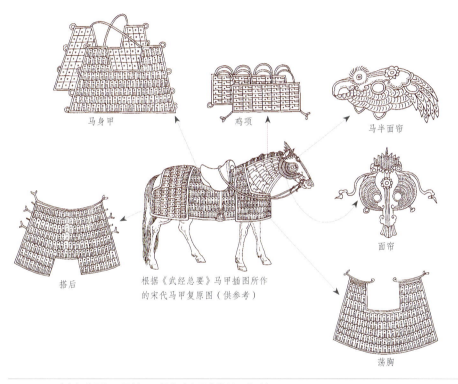

图11-15 《武经总要》马甲插图，录自《中国古代版画丛刊》

从附图来看，形制依然保持传统式样，而一概以皮制的现象，反映出马甲可能基本上像唐代一样，是用于卤簿仪仗的。

宋代的戎服是在五代的基础上经过改变形成的。宋朝的军队有禁军和厢军两大部分，禁军是皇家正规军，厢军是地方州县军，这两种军队的戎服具有一定的差别。

禁军九品以上的将校军官，通常有三种服饰：朝服、公服和时服。

朝服、公服的用途与唐代相同，时服是皇帝每年按照季节不同，赏赐给近侍、文武官员的时令服饰。《宋史·舆服志》载："宋初因五代旧制，每岁诸臣皆赐以时服，遇端午、十月一日，文武群臣将校皆给焉。"

赐服通常是朝服、公服中的某几件，如袍、衫、抱肚、勒帛、裤等，一般用有鸟兽纹样的织锦制作，比较考究。

朝服按其性质是法服，不属于戎服范围，但它是九品以上的武官必不可少的服饰，因此必须涉及一二。

图11-16 河南巩义西村陵区永昌陵神道武官石刻像

宋代武官的朝服、公服与文官相同，这是因为宋代实行的是以文制武的政策，军队的高级指挥官几乎都由文官担任，各州县、地方的厢军指挥权也集中在地方行政长官的手中。所以宋代武官的政治地位较低，反映在服饰上就是武随文服，高级将帅更是如此。

比较准确的朝服形象资料也是巩义宋陵的石刻，图11-16至图11-19的四件石像，分别是永昌陵（赵匡胤墓，976）、永定陵（赵恒墓，1022）、永昭陵和永裕陵神道旁的石刻。经过观察可以发现，从宋初至中期，朝服在形制上具有如下一些变化。

首先是戴的冠，称为"进贤冠"。朝见皇帝时戴的一种礼帽。原为儒者所戴，唐时百官皆戴用。冠用

冠顶有梁，以辨识官位大小

图11-17 河南巩义芝田陵区永定陵神道武官石刻像

中国古代军戎服饰 | 176

图11-18 河南巩义回郭镇陵区永裕陵神道武官石刻像

图11-19 河南巩义回郭镇陵区永昭陵神道武官石刻像

漆布做成,前额上有冠饰,冠后有一豁口,称作"纳言"(参见图11-19)。初期的冠饰、纳言都比较大,冠饰几乎覆盖整个正面,以后逐渐变小。

冠的顶上有梁,据《宋史·舆服志》记载,宋初只有二、三、五梁三等,一品、二品五梁冠,三、四、五品三梁冠,六品以下二梁冠。元丰后改为七、六、五、四、三、二梁七等。七梁冠为二品官所戴,一品的冠梁数不再增加,而是在冠上加笼巾(与唐代平巾帻外加笼巾相同,参见唐代图9-43)。

从石像上看,宋初的梁不很突出,所以不容易看出梁数,中期以后,梁逐渐升高,梁数就能一望而知了(图11-17、图11-18)。

戴进贤冠时,上用簪穿过发髻固定,簪一般用玳瑁、犀角做成,下用罗缨系于颔下,冠体涂以金银。加笼巾的进贤冠又称"貂蝉冠",冠上除原有的装饰外还加插立笔、附蝉、额花,其形象参见图11-20。

袍服则是上身穿绯(红色)衣,右衽立领,宽袖,衣长至膝下,内衬白色衬袍,下穿朱裳,垂至脚背,身后佩有锦绶,它是品官法服上必佩的饰件。

这种绶的佩法前后也有变化,宋初用带横束于腋下(图11-16),以后则佩于腰带上。朝服的领上还佩有一件饰品,称作"方心曲领",据记载是从隋代开始使用的,但隋唐五代的形象资料上都没有发现这件饰品。这种曲领是用硬质材料制成,套在领间用于压住衣领不使隆起的。

穿朝服时,脚上则穿舄,形制与隋唐时基本相同,参见图11-17、图11-18。

公服是武官的戎服之一,为交领、盘领袍,大袖,一侧开衩,袍的下缘膝盖下有横襕,袍长至脚背(图11-21)。

图11-20 宋范仲淹像,明人(佚名)作,北京故宫博物院藏

图11-21 河南巩义芝田陵区永定陵神道武官石刻像

武官还服用一种一般军校都用的戎服窄袍,窄袍即缺胯袍,小袖,两侧开衩,盘领,其长短时有变化,长的至脚背,短的不过膝,一般则在膝下离地一尺。通常情况下,如在军中,袍服外还束抱肚,这种袍服"便坐视事则服之"(《宋史·舆服志》),为平时使用最多的服饰。裤为小口裤,足穿皮靴或履,靴头圆而平直,大部分不起翘,头上"皆皂纱折上巾"(《宋史·舆服志》,图11-22①②)。

① 江西乐平县北宋壁画墓壁画仪卫武士图，录自《文物》1989年第10期
② 南宋绘画《中兴四将图》中侍卫将校，《中国美术全集》两宋绘画专集

图 11-22

士兵的戎服也是缺胯袍，袍的形制与武官的窄袍基本相同，两侧衣衩像五代时那样开得很高，有时也将衣袍下摆提起塞入腰带内，穿小口裤，脚上一般都穿履或草鞋，头上也戴幞头（图11-23①②③）。

① 福建尤溪宋代墓壁画"持钺仪卫"，录自《考古》1991年第4期
② 河南安阳天禧镇宋墓壁画"持骨朵仪卫"，录自《文物参考资料》1954年第4期
③ 河南巩义西村陵区永昌陵神道控马、伏马官

图11-23 三人服饰中，①的服饰可能是厢军士兵服饰，③的服饰可能代表皇城禁军军士服饰

唐代的短后衣，在宋代也继续使用，宋代短后衣的形制在太原晋祠和嵩山中岳庙的铁人、河南方城出土的石雕和《却坐图》中侍卫人物的服饰上有所反映。

与唐代短后衣相比较，它的领、袖有所不同：领为交领，袖有宽、窄两种，宽袖则习惯把袖口打结，成为一种装饰（图11-24①—④）。穿短后衣时一般还要缚裤，而裤可能也是大口裤。形象资料表明，宋代的短后衣不仅衬于铠甲内，还直接穿于外表。

③河南方城宋墓出土施彩石雕俑（据照片绘制），《中国美术全集》历代雕塑专集

①山西太原晋祠铁人铸像　　②河南嵩山中岳庙兵库铁人铸像　　④宋画《却坐图》中侍卫

图 11-24

宋代戎服中也有背子，但形制上已有较大改变。开封朱仙镇岳王庙的岳飞铜像，在窄袍的外面罩了一件短袖、交直领、右衽、两侧开衩的罩袍，这件罩袍应就是宋代的戎服背子（图11-25①），从资料上看有长短两种。宋代的背子除了军人穿以外，帝王显贵、文人学士、男女老少都可服用，是一种流行的服饰。当然，各种身份的人所服用的背子在衣料、装饰、式样上，都各不相同（图11-25②）。

南北朝时期的帔风，唐代已很少使用，只有在长乐公主墓的壁画上见到一例又像帔风又像背子的形象。唐代不使用帔风，也许是大量使用明光甲的缘故，因为明光甲外如有衣服罩住，就不能发挥其反光的作用了。到宋代帔风又重新开始使用，从图11-26的鎏金天王像所披帔风的形象来看，宋代的帔风已更接近于现代的式样，这可能是受了北方少数民族服饰的影响（图11-27）。

同样受少数民族服饰影响而出现的还有一种称"貉袖"的短袄。《同话录》说："近岁衣制，有一种长不过腰，两袖仅掩肘，名曰貉袖。起于御马院圉人。短前后襟者，坐鞍上不妨脱著，以其便于控驭。"

图11-28的人物身上所服，与上述记载完全吻合，应就是貉袖。貉袖与背子一样，在宋代是各种身份的人都可服用的衣服。

宋代的武将在铠甲外还常罩一种形制和貉袖很相似的宽袖短衫，称作"绣衫"。这种绣衫无扣，用衣襟下缘的垂带在胸前系结（图11-29），绣衫上有绣纹，绣

①河南开封朱仙镇岳王庙岳飞铜像，此像据当地人说，铸于南宋时期，如果属实，当也在岳飞平反之后

②宋画《文姬归汉图》中服短背子的侍卫，录自《天籁阁旧藏宋人画册》

图 11-25

图11-26 河北定州静志寺塔地宫出土铜鎏金天王像，见《中国美术全集》金银器专集

图11-27 河南巩义芝田陵区永定陵客省使石刻像

图11-28 《骑射图》中人物，宋人绘，录自《中国古代兵器图集》，解放军出版社1990年版

图11-29 《凌烟阁功臣图·薛仁贵像》，宋人绘，画中虽是唐代人物，但服饰都用宋制

纹是区分各军的标志，绣纹的位置应在后背。《宋史·仪卫志》记载："金吾卫以辟邪，左右卫以瑞马，骁骑以雕虎，屯卫以赤豹，武卫以瑞鹰，领军卫以白泽，监门卫以师（狮）子，千牛卫以犀牛，六军以孔雀……"

铠甲外罩绣衫的穿法称作"衷甲"制，据文字记载，唐代时已有这种穿法，但没有发现其形象资料，而在宋代的绘画、雕刻作品里却常常出现。

南宋时，衷甲制的绣衫变成广袖、大翻领、右衽、长及脚背、无带扣、以腰带系束的宽大长袍，成为军中高级将帅一种类似公服的服饰（图11-30、图11-31）。

图11-30 重庆大足机山茅140窟毗卢道场金刚像，洞窟开于南宋时期

图11-31 四川遂宁毗卢洞第六号龛天王像

铠甲外罩绣衫的穿法称为"衷甲"制

宋代的戎服以交领为多，交领很容易因人的活动而拥起，使衣服看上去凌乱，因此需要用布带勒束，这种布带称作"勒帛"。中岳庙、晋祠的铁人、河南方城宋墓的石雕俑和《却坐图》中侍卫的胸前都有勒帛束衣，值得注意的是，中岳庙、晋祠的六件铁人身上的勒帛一律都横过胸背，从腋下反折向上包裹肩部后，有的在后背，有的在胸前打结（图11-24①②、图11-20、图11-26）。这种束法很特别，由于勒帛也是

赐服中的一项，所以有可能是"时服"的一种专门束法。勒帛除了勒束衣领外，还用于束腰。束腰时往往在腹前打结后垂下一段作为飘带（参见图11-24），元、明两朝这种束法十分流行。

冠饰方面使用最普遍的仍是幞头。

宋代的幞头式样很多，从隋末的平头小样到五代的硬裹幞头都使用，幞脚的变化也层出不穷。五代时马希范所创的直脚幞头，在宋代是帝王百官的公服冠，直脚用铁做骨；在北宋中期变得如马希范初创时那样，伸得十分长，以至有碍人的行动。

军中则多用软脚幞头，有的在脑后打结垂于两肩，有的反折向上。幞头的两侧有时还饰以凤翅（图11-32①—④），卫士戴黑漆无脚幞头（参见图11-23）。硬裹幞头则形如帽子，用藤或草编成巾子做衬里，外表用纱做面，涂以黑漆，用时只需戴上便可。

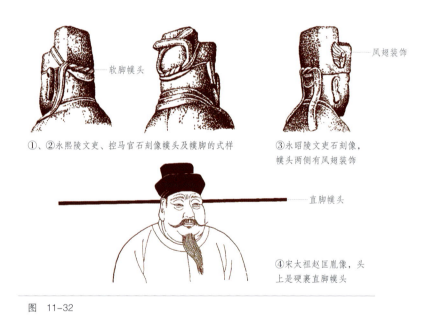

①、②永熙陵文吏、控马官石刻像幞头及幞脚的式样　③永昭陵文吏石刻像，幞头两侧有凤翅装饰　④宋太祖赵匡胤像，头上是硬裹直脚幞头

图 11-32

宋代的武士也常戴抹额。《东京梦华录》卷七记皇帝驾幸射殿射弓时说："驾诣射殿射弓，垛子前列招箭班二十余人，皆长脚幞头，紫绣抹额……"

将帅则学汉代常戴幅巾,朱仙镇的岳飞铜像,头上戴的就是幅巾,与汉魏时相比已有很大变化。宋代幅巾像幞头一样要包裹头顶,用两脚收拢顶部在发髻上系结,长出的巾脚垂于两侧(图11-33①②③)。

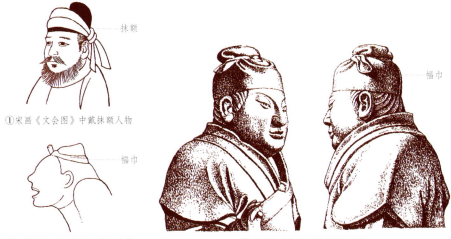

①宋画《文会图》中戴抹额人物

②四川成都天回山东汉墓出土戴幅巾陶俑,录自《文物》1980年第3期

③河南朱仙镇岳王庙岳飞铜铸像

图 11-33

宋代的武士还时兴戴束发冠,这种冠一般用金、银、玉等材料制成,戴时用笄横贯发髻后,再用冠缨系于颔下。戴小冠时还常常在冠上加巾帽。《石林燕语》卷十说:"帽下戴小冠簪,以帛作横幅约发,号'额子'。室中,则去帽见冠簪,或用头巾也。"《却坐图》中侍卫武士戴的头巾,与河南方城石雕俑头上小冠的外形很相似,前者很可能是在小冠上再束头巾才形成这种形象的(图11-34,参见图11-24)。

武士戴束发冠的习俗由来已久。洛阳出土的一件西周的铜车辖,上面的人形冠饰就是一种束发冠(参见图2-9)。南北朝时的平巾帻也属于这种冠,盛唐时武士常用一种类似今天女士所用的发卡卡髻,也是束发冠的变异(参见图9-26)。宋代的束发冠恢复了南北朝时期的体积和戴法,这种小冠很受上流社会的欢迎,宋徽宗就常戴

图11-34 嵩山中岳庙兵库铁人铸像

"栗玉并桃冠",他的作品《听琴图》中,弹琴者戴的就是此冠。在元明两朝,束发冠一直是公子皇孙、勇武之士偏爱的冠饰。着短后衣、戴束发冠在宋代还是宫廷侍卫的服饰,军队中的将士没有这种装束。

宋代军队的普通士兵作战时只有衣甲而无兜鍪,头上戴的是皮笠子。这种皮笠子一用于挡风避雨,二用于保护头部,其形制在《武经总要》《武备志》等书插图中有所描绘(图11-35①②),与宋人画的唐代名将薛仁贵像头上戴的极为相似(参见图11-29)。

①《武经总要》攻城器械插图中宋军士兵,录自《中国古代版画丛刊》

②《武备志》插图"腰绊上弩弦图"中士兵形象,录自《文物》1985年第5期。(《武备志》为明代兵书,其中插图的人物服饰大都是明式,此图中士兵的笠与图左的笠在外形上基本相同,故收入)

图 11-35

唐末五代时的抱肚在宋代称作"袍肚",不仅铠甲,袍服外也服用,皇帝每年颁赐的时服中,袍肚是重要的一项。宋代的袍肚,初期尚沿袭唐末五代之制,一般垂于腰带之下,以后系束部位逐渐升高,外形也多种多样,其制作材料多采用图案绚丽的织锦(图11-36①②③)。

①河南巩义芝田陵区永定陵镇陵将军石刻像　②河南嵩山中岳庙兵库铁人铸像　③永熙陵镇陵将军袍肚图案（据实物写生）

图 11-36

宋代使用的腰带,基本都是双铊尾、双带扣,称作"笏头带",五代时期的单铊尾、双带扣带已很少出现。带銙装饰也不同于五代,带面的前后都有带銙,一般正面装饰桃形或梅花形带銙,背后装饰方形带銙,这些带銙都有出土实物(图11-37①②③)。正面装饰小型带銙是便于皮带穿过带扣。腰两侧的铊尾仍像五代时一样,拖长一小段垂于后背。这种双垂铊尾比单垂看起来更对称、美观。拖垂的这一段后来如直脚幞头一样越来越长,经过明代的演变,逐渐被引用于戏曲服饰,成为一件很有特色的道具。

①嵩山中岳庙兵库铁人铸像
（腰带上可见前后两种带銙）

②永裕陵镇陵将军石像
（正面为桃形带銙）

③江苏常州南宋墓出土银带铃、铊尾，南京博物院藏

图 11-37

　　同时唐代的单带扣、单铊尾带宋代也继续使用，其铊尾插法也仍用隋制，鞢鞢带则主要是少数民族使用，中原地区汉族已不再流行，但是带銙上用于装鞢鞢的古眼仍一直保留着（图11-38①②③）。

　　带銙除了有古眼的素面带銙以外，大部分表面开始铸刻装饰图案，图案的内容据《宋史·舆服志》的记载有：金球路、荔枝、师蛮、海捷、宝藏、天王、八仙、犀牛、宝瓶、双鹿、行虎、胡荽、凤子、宝相花、戏童、野马等约20种。

　　制作带銙材料在宋初以犀角为第一等，装饰犀角带銙的腰带称作"通犀带"，是不能随便使用的，除非特旨，否则禁止使用。宋太宗即位后认为金最贵重，《清虚杂著·补阙》说："太宗皇帝常欲自宰臣至侍从官等第赐带。且批旨曰：犀近角，玉近石，惟金百炼不变，真宝也，遂作笏头带以赐辅臣。"用黄金镌刻御仙花（即荔枝）图案的带銙腰带，当时只有三品以上将相才能服用，称作"横金"，是一种身份十分显赫的象征。太平兴国七年（982）又重新作了规定，改玉带为第一等（图11-39①②）。

①河南巩义回郭镇陵区永裕陵神道客省使石刻像　②永裕陵文吏石刻像（铊尾插法）　③永定陵神道客省使石刻像背部（有古眼的带銙）

图 11-38

　　宋代也有佩鱼制度。《宋史·舆服志》曰："其制自唐始……因盛以袋，故曰鱼袋。宋因之，其制以金银饰为鱼形，公带而垂于后，以明贵贱，非复如唐之符契也""凡服紫者，饰以金；服绯者，饰以银……亲王武官、内职将校皆不佩"。这种佩鱼在辽墓中曾有实物出土（参见辽代部分），宋陵石刻中也有可以参考的形象见图11-39③。

　　宋代铠甲的颜色，据《宋史·仪卫志》记载，有黄、青、朱、白、黑、金、银等色，至于仪仗用的绢甲，色彩如唐代，可能更加丰富。

　　将帅的朝、公服，初期照搬唐代的制度，元丰（1078—1085）后公服改为四品以上紫色，六品以上绯色，九品以上绿色。时服则是用各种不同的织锦来区分品级的，而且经常有变化。至于普通将士的服饰，因为要区分禁厢两军、各方面军、不同兵种和下级军官的级别，颜色可能很多。除了九品制官服颜色不可直接使用外，其余各色都能使用，而以青、白、朱、黑、黄（淡黄色不能用）为主要色彩。

腰带的带鞓只有饰金、玉带銙时才能用红色，一般都用黑色。当然也有不分级别都可使用的服饰和颜色，如《东京梦华录》中提到的红上团花背子、紫上杂色小花绣衫、锦绣袍肚等，就是例子。

①江苏苏州吕师孟墓出土金荔枝纹带銙，南京博物院藏

②[美]波士顿美术馆藏鎏金铜荔枝纹带銙

③永定陵客省使石像上佩鱼形象，与《舆服志》说的"垂于后"情况不符

图 11-39

辽代

公元907—1125年

- 铠甲采用唐宋式样
- 戎服为契丹与汉服两类
- 穿契丹戎服时，品级较高的戴毡冠或纱冠，其他一般是髡（kūn）发妆束
- 腰带分汉与契丹二式，汉式为笏头带，契丹式为蹀鞢带
- 佩鱼制度
- 以紫色为最高等级

图12-1 辽代武士复原图

- 铠甲根据山西大同观音堂彩塑天王像、辽宁省法库县叶茂台辽墓壁画等形象复原；
- 胄根据内蒙古赤峰市辽墓出土实物复原；
- 戎服根据河北宣化张世卿墓壁画、内蒙古库伦旗辽墓壁画等形象复原；
- 革带根据内蒙古奈曼旗、通辽县二林场等地辽墓出土实物复原；
- 兵器采用辽宁建昌龟山辽墓出土实物与杭州岳王庙陈列兵器实物形象。

辽是由契丹贵族耶律氏建立的，契丹为东胡后裔，属鲜卑的一个部落，世居今天的西拉木伦河上游地区，以畜牧射猎为生。5世纪中叶起，通过与中原互市，开始"务稼穑、种桑麻、习织组"（《辽史·仪卫志》），开矿冶铁、制造铁器。后梁贞明二年（916），耶律阿保机利用中原混战之机，自立为帝，建立起契丹国。公元936年，应后晋石敬瑭之请，出兵相助，实力从此大增，并于946年攻灭后晋，次年改国号为辽，与北宋长期对峙。后因统治残暴，境内反抗不断，最终为金所灭。

契丹族短时期内很快强盛，主要是吸收采纳了中原先进的文化、生产技术和社会制度，其中自然也包括军戎服饰。

铠甲方面，据《辽史》记载，还在契丹国时，军队都已使用铁甲，从掌握的资料看，主要是采用唐末五代和宋的式样，以宋为主，比较典型的是大同市郊观音堂的辽代彩塑（图12-2）。其铠甲的上部分结构，与北宋中期的完全相同，只是腿裙明显地比北宋的短，前后两块方形的鹘尾甲覆盖于腿裙之上，则保持了唐末五代的特点，

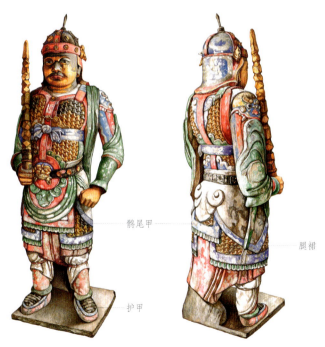

图12-2 山西大同观音堂辽代彩塑天王像（据照片绘制），此像的盔上原有凤翅装饰，已毁坏

而足背上的护甲，在中原地区要到明代才广泛使用。图12-2、图12-3的几种铠甲，形制上都具有唐末五代的特点，时间上好像要比观音堂彩塑早一些。

图12-3 沈阳市天垢净光舍利塔地宫南壁壁画，见《中国美术全集》墓室壁画专集

辽朝铠甲护腹的圆护好像都用皮带吊挂在腹前（图12-2、图12-4①②③），然后用腰带固定的，这一点与宋代的皮甲是相同的（参见图11-12），而胸前正中的大型圆护，则是辽朝特有的。盔与兜鍪的两侧都有凤翅形的装饰，顿项有的像五代时那样向上翻起，有的像宋代那样披垂于后。铁盔在内蒙古赤峰曾有实物出土（图12-5），出土实物与观音堂彩塑、天垢净光舍利塔地宫壁画上的盔在外形上有很多相似之处（参见图12-2、图12-3）。

辽朝除铁甲外也使用皮甲。山西大同下华岩寺的辽代彩塑天王像，身上披的铠甲去掉飘带等装饰品以后，可以看出其唐末形制的特征（如双铊尾腰带，横向束甲皮带，胸前的明光甲圆护等）。根据铠甲上没有塑出甲片和腿裙极短的现象，可以基本判断是皮甲，但在肩、胸、腹等主要部位配备了铁制部件，这种皮甲在大同观音堂的另一尊彩塑像身上也可见到（图12-6、图12-7）。

①内蒙古解放营子辽墓壁画,内蒙古自治区博物馆摹制

②辽宁省法库县叶茂台辽萧义墓壁画,录自《考古》1989年第9期

凤翅装饰

③内蒙古白彦尔登辽墓壁画

图 12-4

图12-5 内蒙古赤峰市大营子辽驸马墓出土铁盔,内蒙古自治区博物馆

图12-6 山西大同观音堂辽代彩塑天王像

图12-7 山西大同市下华岩寺辽代彩塑天王像

辽朝也有衷甲制。《辽史·仪卫志》说："太祖丙寅岁即皇帝位，朝服衷甲，以备非常"，但这方面的形象资料没有发现。

辽朝的服饰大致分为两类：一类为契丹服，一类为汉服。戎服亦如此，这种现象从契丹国建立时就已形成。《辽史·仪卫志》载：

> 会同中，太后，北面臣僚国服；皇帝，南面臣僚汉服。乾亨以后，大礼虽北面三品以上亦用汉服；重熙以后，大礼并汉服矣。常朝仍遵会同之制。

从墓室壁画等形象资料来看，汉服主要是宋朝服饰，契丹服则与唐代的盘领戎服窄袍相似。

武官的契丹服分公服、常服两种，公服又称"展裹"，常服又称"盘裹"，其外表式样好像并没有明显的不同，可能后者只是比前者更紧身一些。

这两种服饰都可以作戎服，其形制可参考沈阳市博物馆收藏的辽墓壁画残片上的形象。图12-8壁画上武士身穿的盘领、窄袖、前开襟长袍，衣襟略偏左，因此《辽史》上说"衣皆左衽"，就是此类"国服"。

图12-8 沈阳市博物馆藏辽墓壁画残片
（据实物写生）

契丹袍长至膝下，一般两侧不开衣衩，内衬交领缺胯袍，骑马时将外层袍服前摆像宋朝一样提起掖入腰带。下着直统裤，脚穿高统靴，皮靴内衬统袜，统袜高出靴统一截（图12-9），这种习惯直到今天在很多草原民族中仍然保持着。普通士兵的契丹戎服也是这身打扮（图12-10）。

图12-9 内蒙古库伦旗二号辽墓墓道北壁壁画，录自《中国美术全集》墓室壁画专集

图12-10 内蒙古库伦旗七号辽墓墓道南侧壁画，见《中国美术全集》墓室壁画专集

事实上，当时国中的契丹族男子可能差不多都穿一样的服饰，因为作为国家的统治者，一定要建立一支以契丹人为骨干的比较强大的军队。而契丹族人口有限，因此不得不把能够上阵的男子全数征兵，如此一来，戎服就成了男服，这种现象在当时几个小国家（如西夏）内都存在。

穿契丹戎服时，品级较高的侍卫武官一般戴毡冠或纱冠；下级军士和普通士兵穿契丹戎服时，在多数情况下是髡（kūn）发妆束。

《辽史·仪卫志》记载："毡冠，金花为饰，或加珠玉翠毛，额后垂金花，织成夹带，中贮发一总。或纱冠，制如乌纱帽，无檐，不擫双耳，额前缀金花，上结紫带，未缀珠。"图12-11①②的侍卫、武士头上所戴的可能就是这两种冠中的一种，因不见额前的金花或带上的缀珠等特征，所以无法判断究竟属哪一种，如从外形上看，是纱冠的可能性似乎大些。

①辽宁北票莲花山辽墓壁画　　②内蒙古昭乌达盟敖汉旗辽墓壁画，录自《考古》1984年第11期

图12-11　两像的冠部分正好都剥落损坏，所以只能作一个大概的参考

契丹人髡发的习俗由来已久。《后汉书·乌桓鲜卑列传》就曾提到："乌桓者，本东胡也……俗善骑射，弋猎禽兽为事……以髡发为轻便。"辽朝军士髡发在《宋史》中也有记载："又有渤海首领大舍利高模翰步骑万余人，并髡发左衽，窃为契丹之饰。"（《宋琪传》）图12-12①②③是出现在辽墓壁画上的几种髡发发型。

髡发以外也可以戴巾。河北宣化辽墓壁画中有很多侍卫，头上就戴着类似平头小样幞头的巾，巾的顶上还饰有一块桃形的饰物。这种巾和饰物在其他地方和《辽史》的记载中还未发现，可能是很少使用的冠饰（图12-13）。

汉式戎服的上衣是缺胯窄袖袍，袍一如宋制，内衬交领短衫，为便于骑马，像契丹戎服一样，将袍前下摆提起掖在腰间，露出内衬短衫和束腰带的两根垂带，下穿直统裤，脚上穿履，与北宋皇陵前的石刻控马仗马官装束完全相同。头上戴硬裹幞头，幞头两脚交叉向上，有的露出幞顶一段形如燕尾，只这一点与宋朝略有差别。（图12-14、图12-15）

①辽东陵壁画的髡发发式

②内蒙古库伦旗前勿力布格6号辽墓壁画的髡发发式

图12-13 河北宣化下八里辽韩师训墓壁画"仪卫人物"图，录自《文物》1992年第6期

图12-14 河北宣化辽墓壁画持杖门吏

③"契丹人骑马出猎图"中髡发发式

图12-12 契丹人髡发发型

图12-15 河北宣化下公里张世卿墓前室西壁壁画

至于武官的汉服,也分朝服和常服两种,常服又称"穿执",早期采用五代时期的服饰,中后期则用宋制。

辽朝用于束衣的腰带也分汉与契丹二式,文武官员穿汉服时束双带扣单铊尾或双带扣双铊尾腰带,穿契丹服时束鞢韂带。

1986年在内蒙古奈曼旗辽陈国公主、驸马合葬墓内,出土了三条用银皮代替革鞓、保存完好的腰带,三条中两条为鞢韂带,一条为单铊尾双带扣带(图12-16①②③)。这条腰带由长短两根组成,据专家论证,短的一根是专为衣服加厚时使腰带加长而备用的,平时则是一条完整的单带扣单铊尾腰带。[41]

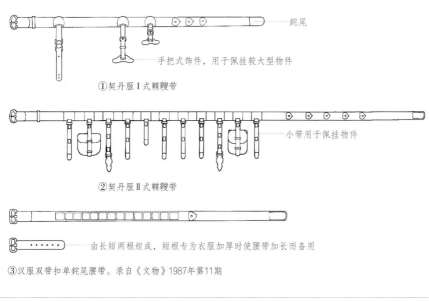

①契丹服Ⅰ式鞢韂带

②契丹服Ⅱ式鞢韂带

③汉服双带扣单铊尾腰带。录自《文物》1987年第11期

图12-16 内蒙古奈曼旗辽陈国公主、驸马合葬墓出土银皮鞓金带銙腰带

此墓内还发现有双带扣、双铊尾带的带銙、带扣和铊尾实物,这种实物在内蒙古通辽县辽墓中也出土过。考古工作者根据现场的丝质、皮革带腐烂的痕迹进行了复原,复原后的形象参见图12-17①②。[42]

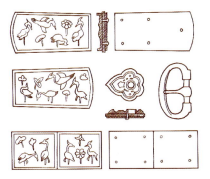
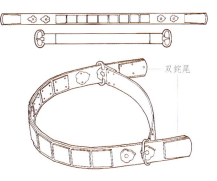

①内蒙古通辽县二林场辽墓出土双带扣、双铊尾腰带的带銙、带扣和铊尾实物（铜质），录自《文物》1985年第3期

②双带扣、双铊尾腰带复原图

图 12-17

鞢鞢带的带銙、带扣出土实物更多（图12-18①②），从这些出土实物上可以看出，辽朝的腰带装饰十分考究华丽。鞢鞢带的小带用来佩挂随身物件如刀子、锦囊等饰物，这在唐代部分已经说明，辽驸马墓的鞢鞢带上还装着把手式饰件（参见图12-16①），这些饰件则是用来佩挂较大型的物件的，如猎物等。

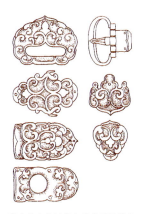
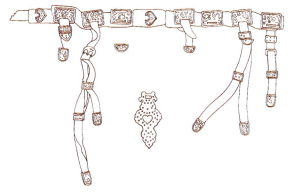

①内蒙古敖汉旗李家营子辽墓出土辽代早期金带饰

②内蒙古赤峰大营子辽墓出土金銙鞢鞢带，图中描绘的带鞓是尚未完全腐烂的部分

图 12-18

有的汉式带也装有很少的鞢𩎍，这可能是便于系束者佩挂如佩鱼等表明身份的饰物（图12-19①）。

吉林省扶余县辽墓出土的一套玉带銙、玉铊尾和金带扣、金饰件就属这种情况，玉带銙中只有两块有装鞢𩎍带的古眼，说明这根带只装两根鞢𩎍带小带，这两根小带正好用来佩挂金饰件（图12-19②）。长春市博物馆曾对这条带进行了复原，并制成复制品展出，复制品的形象参见图12-19③。

辽朝的佩鱼不同于宋代，皇帝的大祀服上也有悬鱼一项。佩鱼不仅是百官的品级标志，也是一种尊贵的象征。佩鱼实物参见图12-19④。

辽朝戎服的颜色，无论契丹、汉式，都以紫色为最高等级，连貂裘等毛皮服饰，也以紫黑色为贵，青次之。一般五品以上方能服用，六品以下用绯色，八品以下绿色，下级军士则多用白、蓝、褐黄等其他杂色。

铠甲中铁甲多为金、银色。《辽史》中曾多处记述辽主阿保机有金镀、银镀铁甲，除此之外是用红、黑等色漆鞣甲。腰带一般以黄、红色绦裹革为鞓。

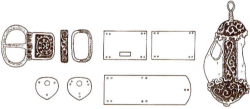

②吉林省扶余县辽金墓出土玉銙、玉铊尾、金带扣，金带环和金饰件，录自《考古》1963年第11期

①内蒙古库伦旗6号墓墓道东壁壁画上穿契丹服、束汉式带的侍卫形象

③根据长春市博物馆复制品绘制的复原图

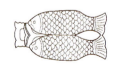

④内蒙古通辽县二林场辽墓出土鎏金铜鱼，这是目前发现的并已发表的唯一一件佩鱼实物

图 12-19

金 代

公元 1115—1234 年

- 早期无甲胄，中期前后铠甲很快趋于完备
- 早期契丹服，后汉化，采用宋制
- 武官公服可作为戎服，士兵为裤褶制
- 幞头、毡笠、巾、帽
- 没有佩鱼制度
- 腰带
- 靴
- 髡发，髡后余发一般都要编成发辫
- 红色为主

图13-1 金代武士复原图

- 甲胄根据山西稷山马村、襄汾金墓砖雕、吉林金丞相完颜公墓石刻形象复原;
- 戎服根据山西汾阳金墓砖雕形象复原;
- 革带参照辽、宋墓出土实物复原;
- 兵器根据黑龙江宾县金墓出土实物复原设计。

金是由女真族建立的。女真原名黑水靺鞨，五六世纪时，居住在今黑龙江、松花江流域和长白山麓，过着捕鱼射猎的原始生活。大约在八九世纪时，移居今阿什河一带的完颜部开始种植五谷和炼铁，日益强大起来。11世纪中叶起，将势力扩张到松花江外呼兰河沿岸，吉林宁古塔、敦化和延边一带，并"建立官属，以统诸部"。

辽后期对女真的严重压榨使各部落都暗中依附完颜酋长阿骨打，阿骨打遂于1114年宣布起兵，次年攻占黄龙府（今吉林农安县境）等重镇，正式称帝，建立金国。灭辽后又乘胜南下，于1126年攻克北宋都城汴梁（今开封），迫使宋室南渡。以后便与南宋对峙了百年左右，终于被成吉思汗所灭。

女真早期只有兵器而无甲胄，后来从辽的叛兵那里得到500具铁甲，从此开始有了铠甲装备。早期的铠甲只有半身，下面是护膝。在山西襄汾曾出土了两件陶俑，下身均不见腿裙，只在膝以上腿部塑造了四排甲片表示甲衣，这很可能就是护膝（图13-2①）。

他们的头盔很坚固，《三朝北盟会编》说："金贼兜鍪极坚，止露面目。"襄汾出土的陶武士俑和金完颜公墓前石刻像上的头盔，应就是这种"止露面目"的兜鍪，从其形制来看，还是北宋的式样（图13-2①②）。

①山西省襄汾县荆树沟上上庄村金墓出土陶武士俑，山西省博物馆藏（据实物写生）

②金左丞相金源郡贞宪王完颜公墓石刻镇墓将军像，吉林省博物馆藏（据实物写生）

图 13-2

中期前后，铠甲很快趋于完备。山西金墓壁画和砖雕上的铠甲都有长而宽大的腿裙，其防护面积已与宋朝的相差无几，形制上也受到北宋铠甲的影响。在这些砖雕壁画中，尤以山西稷山马村金墓的刻划最为精细，其身甲的小型方甲片、腿裙上稍大的长方形甲片和编缀甲片的绳索，全都清晰可见（图13-3①②③、图13-4）。

图 13-3

女真的骑兵部队这时候还继续装备马铠，金兀术的"拐子马"就是装备马铠的重装骑兵，后为岳飞设计所破，从此马铠在古代战场上永远消失了。金的马铠在《中兴祯应图》中有一个比较模糊的形象，只能看出大致的外形可供参考（图13-5）。

女真在立国之前，臣属于辽近200年，早期服饰大都采用契丹服。后来入主中原，各方面吸收汉族的文化习俗，服饰也逐渐汉化，特别是官服和戎服，基本上采用宋制，但外形上男子的衣服皆窄小，妇女的衣服都极为宽大。

图13-4 山西侯马金董明墓出土彩绘砖雕武士像，见《中国美术全集》雕塑专集

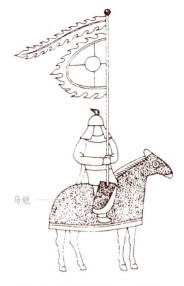

图13-5 《中兴祯应图》中金人马铠

武官的服饰分朝服和公服两类，公服可作为戎服使用，其形制是盘领、窄袖、衣长至脚背。据《金史》记载，衣襟都是左衽，但有的形象资料上看不清楚，衣袍好像也不开衩。（图13-6）戎服袍还可以作为罩袍穿在铠甲外面，这种穿法应是金朝的衷甲制（图13-7）。

士兵的戎服是裤褶制，上穿盘领窄袖短衣，下穿裤，腿上可以缚裤，也可以用行缠（图13-8、图13-9，参见图13-3③）。

头上所戴则有幞头、毡笠、巾、帽等。

幞头有贴金双凤翅幞头、间金花交脚幞头、金花幞头、拳脚幞头、素幞头等，基本是在宋和唐制的基础上变化而成。图13-6①的仪卫戴的硬裹幞头与辽朝完全相同，应是交脚幞头。河南焦作金墓壁画中的人物戴的是双凤翅幞头（图13-6②），稷山马村金墓的砖雕上，将军身后站立的两个士兵，头上戴的幞头在左额处结有一个大圆球，很可能是拳脚幞头（图13-8）。而图13-6③的幞顶像双乳，则又是一种不知名称的幞头。

① 山西长治市金墓壁画　　②河南焦作金墓壁画，此像疑为女着男装　　③山西闻喜寺底金墓壁画

图13-6　①②画中人物均为仪卫

①山西汾阳金墓出土砖雕，录自《文物》1991年第12期

②山西长治金墓壁画，此处的罩袍好像是短袖

图 13-7

图13-8　山西稷山马村金墓墓室砖雕，《中国美术全集》雕塑专集

图13-9 山西稷山马村金墓墓室砖雕（据实物写生）

上述几种除交脚幞头外，都是软裹幞头，但幞头里面可能都加巾子。

毡笠与宋军士兵一样，不仅平时，战时也戴，这种实情见于《续资治通鉴》一〇三卷中记载："建炎三年……时金人自滕县以五千骑趋临淮，皆金装白毡笠子。"图13-10①②③为几种不同的毡笠式样，其中第一种可能不是用于军戎服饰。

①河南焦作金墓出土陶俑　②山西沁源正中村金墓壁画　③山西长治金墓壁画

图13-10 几种毡笠样式

金代的巾称作"蹋鸱"。据《金史·舆服志下》记载：

> 以皂罗若纱为之，上结方顶，折垂于后。顶之下际两角各缀方罗径二寸许，方罗之下各附带长六七寸。当横额之上，或为一缩袢积。贵显者于方顶循十字缝饰以珠，其中必贯以大者，谓之顶珠。带旁各络珠结绶，长半带，垂之……

从文字上看，这种巾和它的戴法很像隋唐时的平头小样幞头，只是多了一些装饰，其式样因没有比较能肯定的形象资料，只能参考图13-8左侧将军头上所戴头巾和图13-9。

据《金史·仪卫志》记载，仪卫军人还常戴平巾帻，山西马村金墓出土的砖雕上，武将头上戴的冠从外形上看，很像隋唐时期的平巾帻，也可能就是金朝的平巾帻（参见图13-3③）。

帽有鞑帽、貂帽，一般都用毛皮制作。女真原居北方寒冷地带，入秋以后就开始穿毛皮袍服、皮裤，连袜子也用毛皮制作。图13-11①②是三种皮帽的形象。

①金张瑀作《文姬归汉图》中之貂帽形象。此画虽是描绘汉代故事，但人物身上衣服全是金人服饰

②宋佚名《明妃出塞图》中鞑帽形象，录自《天籁阁旧藏宋人画册》

图13-11 三种皮帽形象

与宋、辽一样，金的戎服外也使用袍肚，有一种袍肚做成筒形，包裹在袍服或铠甲之外，更有宽的上及胸部，用勒帛和腰带上下系束（宋朝也有这种袍肚），在元代时称作"捍腰"，元明两朝十分流行（参见图13-3①②）。

①金张瑀作《文姬归汉图》中髡发形象　②宋佚名画《明妃出塞图》中金朝官员像　③河南焦作金墓出土陶俑，此俑的发辫表现很清楚，但俑塑造的是儿童，可供参考

图 13-12

项间一般都围肩巾。

女真族不仅是军人，也不分贵贱，多数人都习惯穿靴。与契丹人一样，也有髡发习俗，其发式与契丹人略有不同，髡后余发一般都要编成发辫（图13-12①②③）。金军占领河北等地后，曾下令强制汉人剃头辫发，结果激起强烈反抗，最后只得作罢。

用于束衣的腰带称为"吐鹘"，基本沿用辽宋式样，但带后所垂的笏头好像比宋朝的要长（参见图13-6②）。带饰材料"玉为上，金次之，犀象骨角又次之。銙周鞓，小者间置于前，大者施于后，左右有双铊尾，纳方束中，其刻琢多如春水秋山之饰"（《金史·舆服志下》）。

金朝的武官没有佩鱼制度。

金朝武官的官服一律为紫色，以服装面料上的花纹大小来区分品级，品级越高，花纹越大。

戎服颜色有紫、绯、朱、黑等色，以朱为主，普通士兵的戎服用白色的比较多，将校军官的袍服上，胸前、肩袖处还用金线绣上花纹，卫士亲军一般都穿团花锦袍。

腰带的带鞓用红、白、金、银等色。

铠甲则以金、银色为主，穿联铁甲的丝带或皮条染成紫、黄、青等色，称作"紫茸""青茸""黄茸"，装备这种彩色组带编缀的铁甲军队，称"紫茸军""黄茸军"，是女真部队的主力。

西夏

公元1032—1227年

- 崇尚汉文化，铠甲、戎服等与宋代相同
- 髡发、幞头、无名小冠
- 尚白，但以紫色为贵，服装颜色多种

图14-1 西夏武士复原图

- 甲胄、兵器根据甘肃武威西夏二号墓出土木板画上形象及银川西夏陵出土实物进行复原;
- 戎服、革带根据内蒙古黑水城遗址出土的《义勇武安王关羽图》中的人物服饰,银川西夏陵出土实物进行复原;
- 服饰根据甘肃敦煌莫高窟壁画《西夏王供养像》、418窟《西夏男供养像》复原。

西夏是由党项羌贵族拓跋氏建立的多民族王国，本名"大夏"，宋人称"西夏"。

党项原居今四川省西部边界，八九世纪时逐渐向甘肃、宁夏和陕西一带迁移。唐末，移居夏州（今陕西靖边县）的部落首领拓跋思恭因助唐围剿黄巢起义军有功，被封为夏国公，并赐姓李。北宋初，因与宋发生矛盾转而臣事辽，首领李继迁被册封为夏国王。

1032年，继迁子李元昊继立。他大肆扩张领土，于1038年称皇，定国号为大夏，并仿效北宋建立官制、兵制和官民服制，1227年为成吉思汗的西征军所灭。西夏的众多文物典籍均毁于这次战火，因此我们今天所掌握的西夏文物与文字资料极为有限。

元昊称帝后，在其都城兴州（今银川市）设置了"铁冶务"，专门制造甲胄兵器，其所造甲胄皆冷锻而成，坚滑光莹。

西夏的铠甲，可以从甘肃武威出土的彩绘木板画上看出基本形制。

画中的武士全身披挂，盔、披膊与宋代完全相同，身甲好像是两当甲，长及膝上，左右两侧是否相连无法断定，但两边胯间开有分衩却明白无疑。无腿裙，肩上有护肩，但不像是金属甲片，可能是皮制的（图14-2）。这种木板画一共有两块，两块的画像完全相同。

在另一幅关羽图中，右侧一兵一将也穿着与木板画上完全相同的铠甲，左侧一将的铠甲虽有长及膝下的腿裙，但因被遮掉一部分，仍然不能看出它的全部形制（图14-3）。同时期的辽宋铠甲，覆盖面积都已遍及全身，而西夏还是以短甲为主，说明铠甲制造毕竟比中原

图14-2 甘肃武威西郊林场西夏二号墓室出土彩绘木版画，甘肃武威地区博物馆藏

图14-3 义勇武安王关羽图（版画局部），1909年出土于黑水城遗址，现藏俄罗斯彼得堡爱尔米塔什博物馆。这幅版画据考证认为是经金国，从中原地区流入西夏的，但观察人物服饰，关羽身穿的显然是唐代的戎服，而靴和高出靴统的统袜，完全与辽代的相同。左侧一将铠甲外罩的短衫，则又与宋代一样。关羽背后右侧和右前侧三人的幞头上的装饰，是辽、金、宋朝都没有的。综合这些特征，要说明图中人物的服饰倾向于宋或金朝，好像都不合适。因此，是西夏服饰的可能性仍然存在，而且还有右侧二将身上的铠甲也可作一旁证

地区落后些，这一点从1974年在银川西夏陵区墓室中出土的铜质甲片的尺寸上也可以反映出来（图14-4①）。

近年在宁夏西吉县硝河乡还出土了一件铜胄，据称是宋、西夏好水川之战的战场遗物，其外形与战国时期的十分接近（图14-4②）。

西夏的官民服饰，制定于元昊称帝以后。据《宋史·夏国传》记载：

……武职则冠金贴起云镂冠、银贴间金镂冠、黑漆冠、衣紫旋襴（紫色左大襟长袍），金涂银束带，垂蹀躞……便服则紫皂（皂）地绣盘球子花旋襴，束带。

记载上说的旋襴，是党项羌的民族服饰，从敦煌壁画上可以看出，式样上掺糅了唐代服饰的因素，其形象可参考西夏王供养像右侧的侍卫人物、莫高窟418窟的供养人像和张大千临摹的回鹘人供养像身上的服饰（图14-5、图14-6、图14-7）。

①宁夏银川西夏陵区8号墓室出土铜甲片，短的长5.8厘米，长的有9.9厘米，比北燕冯素弗墓中出土的甲片还要长。图中白色部分为鎏金残片（宁夏自治区博物馆藏）

②宁夏西吉县好水川战场遗址出土青铜胄（宁夏自治区博物馆藏）

图 14-4

图14-5 敦煌莫高窟418窟西夏供养人像

图14-6 张大千临摹敦煌壁画，回鹘人供养像

图14-7 敦煌莫高窟409窟西夏王供养像

这些人都穿的是窄袖、盘领、紧身窄袍。袍有长短两种，短的在膝上膝下之间，长的垂至脚背。

头上戴的是形如果盆或像倒扣的小盘似的冠，这两种冠属于《宋史》记载中的哪一种已很难确定。从冠后有披垂之物、对照"毡冠红果顶，冠顶后垂红结绶"（《续资治通鉴长编》卷一五）的记载来看，可以知道这两种冠为毡制，冠以带系颔下（图14-8①，参见图14-5、图14-6、图14-7）。

下穿裤，足穿靴，腰间一般系两条腰带，里层是帛带，外层是䪢鞢带，带的铊尾拖长一段垂于腹前，有的亦采用反插垂头的方法，带銙的图案、式样大多采用宋制（图14-8②③）。

①莫高窟148窟南壁西夏供养人头像

②银川西夏八号陵出土的金荔枝纹带銙、金桃形、银质鎏金花瓣形带銙饰，宁夏自治区博物馆藏

③1909年黑水城遗址出土的《舞乐图》中西夏跳舞男子像，俄罗斯彼得堡爱尔米塔什博物馆藏

图 14-8

西夏的上述服饰，既可作官服，亦可作戎服，如辽的契丹服一样，两者并没有明显的区分。

由于西夏社会的封建程度还不是很深，人与人的关系一般来说还是比较平等，如元人余阙在《送归彦温赴河西廉访使序》中就记有"岁时往来，以相劳问。少长相坐，以齿不以爵"的情况，因此服饰上的等级观念也不是那么强烈。军队中的官兵，至少是党项羌人的戎服基本上是一种式样，这从图14-6的供养像上也可看出端倪。像中主人、侍从的人物比例虽然相差很大，但服饰还是一样的（冠除外），只有袍服上的图案告诉人们，其衣料要比侍从贵重、华丽。

李元昊的父亲和他的子孙辈中间，有好几位是汉族文化的崇拜者，他们虽然经常与中原皇朝为敌，但却十分迷恋汉族的生活方式。因此汉族服饰在西夏国一直占有重要的一席之地，而汉式戎服也肯定存在。武威西夏二号墓出土的木板画上，驭马人身上的服饰可能就是汉式戎服。从外形上看，很像宋代的交领缺胯袍，参照关羽图中将士的服饰，可以大致了解到：穿铠甲和汉式戎服时，腰束袍肚，颈间系肩巾，腿裹行缠，穿履或靴都可，头上戴幞头。幞头好像是平头小样，里面不加巾子，幞头外有时也系抹额。将帅的铠甲外也罩与北宋一样形制的绣衫，说明也有衷甲制服饰（图14-9，参见图14-3）。

图14-9 甘肃武威西郊林场西夏二号墓出土的彩绘木板画《驭马图》，甘肃武威地区博物馆藏

党项羌人早年披发蓬首，并没有髡发习俗。李元昊称帝以后，为了表明自己是鲜卑贵族后裔，要恢复鲜卑人故俗，强迫国人在三日之内髡发，如有违抗一律处死，于是官民一律髡发、耳垂重环。羌人的髡发发式，与契丹人比较接近，也是后脑与头顶剃光，前额留一排刘海，有的两侧还留一缕长发（图14-10①②）。

①《舞乐图》中髡发形象　　②安西榆林窟第29窟西壁北侧男供养人像中髡发形象

图　14-10

羌语西夏国名称作"邦泥定"，译成汉语为"白上国"。上，尚也，白上即尚白的意思，可见西夏国是以白色为贵的。西夏是信仰佛教之国，佛教教义认为白是净行善业，尚白可能与宗教信仰有关。但从形象资料上看，服装上红、绿、黄、紫等色都有，唯独白色很少出现，而李元昊制定的官服也以紫色为贵，可见实际情况并非如此。

铠甲则以金、银色为主，出土的铜甲片上就残留有鎏金。

公元1279—1368年

元 代

- 受到被征服民族的影响,"近取金、宋,远法汉、唐"
- 长短两类铠甲,也有皮甲、布面甲等
- 质孙服、辫线袄、比肩、短后衣等
- 冬服戴暖帽,夏服戴笠和凉帽等
- 腰带有汉式与蒙古式两种
- 一般穿靴,士兵有的穿麻质鞋袜
- 戎服颜色多

图15-1 元代布面甲武士复原图

- 甲胄根据日本福冈市元寇纪念馆收藏元代远征军遗存实物复原；
- 兵器参考皇甫江《中国刀剑》中相关形象设计复原。

图15-2 元代武士复原图

- 铠甲根据山西沁水县元墓武士俑、日本画《蒙古袭来绘词》中元军形象复原；
- 胄根据日本博多元寇纪念馆收藏实物复原；
- 戎服根据新疆乌鲁木齐盐湖古墓出土实物复原；
- 兵器根据新疆盐湖古墓出土实物，山西汾阳五岳庙壁画、宝宁寺明代水陆画上的形象复原。

图15-3 元代戎服复原图

- 服饰根据内蒙古包头市达茂旗出土辫线袄、甘肃漳县汪世显家族墓出土凉帽复原；
- 笠、兵器、腰带等参照陕西宝鸡元墓出土陶俑形象及刘贯道作《元世祖出猎图》复原。

12世纪初,当南宋与金因"绍兴和议"而暂罢刀兵、隔水(淮水)对峙时,北方草原上又一个少数民族正在崛起,这就是产生伟大统帅成吉思汗的蒙古族。蒙古原是蒙兀部落的名称,唐代称"蒙兀室韦",蒙古草原统一以后,才成为各部落的通称。

大约在12世纪时,蒙古族通过辽金政权接受中原文化的影响,开始从事农业并使用铁器。1206年铁木真统一蒙古草原,建立了蒙古国,被各部落尊称为"成吉思汗"。成吉思汗即位后,在1218年至1258年的40年间,数次率军远征,先后攻灭西辽、花剌子模、金等国,攻陷巴格达和达(大)马士革等城,使蒙古成了横跨欧亚大陆的大汗国。从1236年起,蒙古开始对南宋发起进攻。其间,忽必烈于1271年即帝位,改国号为元。在灭了大理、吐蕃等国以后,再次挥师南下,于1279年灭了南宋。嗣后又出兵日本、安南、缅甸、占城和爪哇,兵锋遍及东南亚。

元朝之所以能东征西讨,依靠的是一支强大的军队。

据《多桑蒙古史》记载,蒙古主力军"怯薛"军全部是骑兵,作战时每人配备战马数匹,用于昼夜驰骋时轮流坐骑。这支军队不但组织严密、装备精良,而且还配有火器。在精良的装备中,尤为突出的是甲胄。

在今俄罗斯彼得堡宫中,收藏有一领当年元远征军留下的铠甲。据描述,甲身全用网甲即连环锁子甲制成,外表用铜铁丝缀满甲片,内层以牛皮为衬,制作十分精巧。遗憾的是没有这领铠甲的照片,不能了解它的形制如何。

1983年在内蒙古赤峰市翁牛特旗出土了一领錾花铜重甲(图15-4),这领甲为板块结构,由护胸、护背、护肩、护臂、护腕、护腿、护裆等,共计34块铜甲板组成,甲板与甲板之间用铜丝做成的环连接,甲板的表面錾刻有荷

图15-4 内蒙古赤峰市翁牛特旗出土錾花铜重甲,内蒙古自治区博物馆藏

花与虎的纹饰，这是迄今为止仅见的一种用板块形式构成的中国铠甲。这领甲的内面，应该也要用皮革或织物做内衬的，否则无法穿戴。能反映元代铠甲样式的还有山西宝宁寺水陆画上的形象（图15-5），从图上可以看出，其腿裙很宽大，披膊用皮带交叉套束于身上，十分便于两臂运动。甲片很细小，这种小甲片好像很难用丝绳组编，而更易于用铜铁丝缀连，前臂甲也用同样的小甲片编制而成，整领铠甲的防护面十分大。

出现这种防护面积很大、以铁网为骨、内外附甲片的铠甲并不是偶然的，这是火器，特别是爆炸型火器出现后的产物。防护面积大，可以抵御因炸弹碎片飞溅而造成的伤害，内外附甲片则因为当时的炸弹洞穿力还较弱，一般还不能连续击穿多层防护的缘故。

元代的铠甲从另外几幅水陆画上反映出有长短两类，士兵好像都穿短甲，有的还无披膊。披膊去掉后可以看出胸背甲像两当铠一样，是在肩部用皮带系连的（图15-6）。

图15-5 宝宁寺明代水陆画《大将军黄幡豹尾白虎金神青羊乌鸡众》中穿元代铠甲的将军图像

图15-6 宝宁寺明代水陆画《地府五道将军等众》，前右一将军为明代衣甲，后三人为元代衣甲，兵士脚上穿的履与居庸关云台元代石刻上的士兵所穿的履完全相同

元代铠甲的形成可能也受到过被征服民族的影响，青海塔尔寺的壁画和新疆吉木萨尔县回鹘佛寺的壁画上，吐蕃与回鹘武士的铠甲都与元代有相同之处。史料也反映了蒙古初期的很多方面是从畏兀（回鹘）人那里学来的（图15-7、图15-8）。

图15-7 青海省西宁市郊塔尔寺壁画吐蕃武士像

图15-8 新疆吉木萨尔县北庭回鹘佛寺遗址南部配殿群东北角105配殿西壁壁画《分舍利图》

除上述这几种之外也有身甲与腿裙分为两截、腿裙较小、披膊披在肩上的铠甲，在披膊上还罩有皮革制成的、称作"贾哈"的披领（图15-9）。同时也采用南宋铠甲的形制，四川华阳出土的武士俑，从头上的盔到身上的甲，基本上都是宋朝样式（图15-10）。

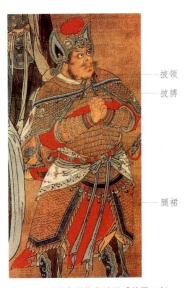

图15-9 宝宁寺明代水陆画《善恶二部牛头阿傍诸官众》中穿元铠甲将军像

图15-10 四川华阳保和乡第五号元墓出土釉彩陶武士俑，四川省博物馆藏

元代也使用皮甲。山西沁水县出土的一件彩绘骑马武士俑，很清楚地塑造出元代皮甲的形制（图15-11），这件皮甲全部用大块皮革制成，身甲像一件皮背心（图15-12）。[43]披膊穿于身甲之内。最为特别的是甲裙，左侧一片并无异样，右侧一片呈"☞"形，伸出的三角正好作为前下腹的护甲。如果这件陶俑的彩绘没有剥落，我们也许能够发现更多的东西。

元代还出现了布面甲，日本福冈元寇纪念馆收藏了一领实物，日本画《蒙古袭来绘词》中也描绘出了它的形象（图15-13①②）。布面甲用布帛做表里，面上钉甲泡，在要害部位内衬铁甲片。这是一种比较轻便的软甲，其形制完全像一

皮甲

图15-11 山西沁水县出土彩绘武士俑（据实物写生），山西省博物馆藏

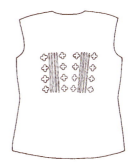

图15-12 皮胸铠，厚块漆皮制成，内联以钢丝，前胸部表面镶嵌银丝和花片，高64厘米，重6公斤，摘自《中国兵器史稿》

①日本画《蒙古袭来绘词》中元军士兵，此画为日本古代画家竹奇季长所作，他当年曾参加了与元军的战斗，图中所绘都是他亲眼所见，所以很有参考价值

这是我国甲胄史上最后一代铠甲，后世基本都采用这种甲衣

②日本福冈元寇纪念馆收藏的元代布面甲，录自《中国古代兵器图集》

图 15-13

件上衣下裳或连成一体的长袍。这是我国甲胄史上最后一代铠甲,明后期与清代基本上都采用这种甲衣。

元代还使用过蹄筋翎根铠。《涌幢小品》(卷十二)说:

> 元太宗攻金,怀孟人李威从军,患世之甲胄不坚,得其妇兄杜坤密法,创蹄筋翎根别之。
>
> 太宗亲射不能入,宠以金符,威每战先登,不避矢石。

这种铠一定很轻软、坚韧,但是如何制造,形制怎样,现均已无任何资料可供查证参考。

元代的胄和盔,在日本保存有很多实物,都是用铁和皮革制成。将帅用的皮、铁胄,都用金银丝镶嵌出华丽的花纹图案,胄的前檐装有眉庇,眉庇下有的还装有面罩。面罩就是唐代的面铠,外形与唐代之前的已不相同,保护部位主要集中在脸的上半部(图15-14①—⑤)。

胄脑后的顿项有两种式样:一种分为三片,纯用绢布做面里,或在面里间衬以铁网,表面钉上甲泡做成;一种护耳护项连成一体,用甲片编成(图15-14④)。同

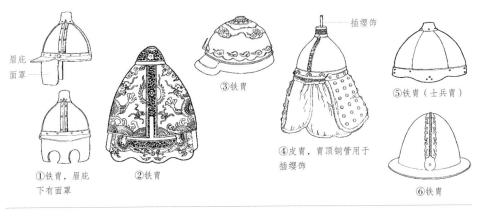

图15-14 元代的胄和盔。①②③原藏日本博多元寇纪念馆;④日本福冈市元寇纪念馆藏;①—⑤录自[日]原田淑人等《支那古器图考·兵器篇》。摘自《中国兵器史稿》

时也使用宋代的凤翅盔和唐代的兽头盔，兽头盔上的兽头已明显变小，差不多变成了盔顶的装饰。布面甲的胄的顿项，护耳下端于下颔处合拢，遮住了整个喉项部位（图15-13①②），此式顿项后来为清代所采用。

元代的戎服，在建国之初无论皇帝百官还是将帅士兵，只有一种本民族的服饰——质孙服。《元史·舆服志》载：

> 质孙，汉言一色服也……冬夏之服不同，然无定制。凡勋戚大臣近侍，赐则服之。下至于乐工卫士，皆有其服。粗细之制、上下之别虽不同，总谓之质孙云。

它是紧身窄袖的袍服，有交领和方领、长和短两种，长的至膝下，短的仅及膝。方领式在腰间裁开，裁开处打有很多襞积收腰，交领式则一通到底。两式袍服的两侧均不开衩，但下摆都很宽大，以衣料和颜色的不同来区分尊卑品级。两式袍服在甘肃漳县和内蒙古集宁市都有实物出土，在元代的墓室壁画、陶俑和绘画作品中也经常出现（图15-15①②③、图15-16）。此外，有一种式样与质孙服完全相同，但在腰部

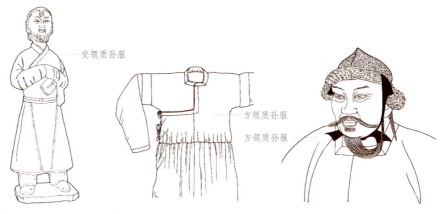

①陕西西安南郊出土男立俑，录自《文物参考资料》1954年第10期
②甘肃漳县元代汪世显家族墓出土方领质孙服，甘肃省博物馆藏
③元太宗窝阔台像身上所服即方领质孙服，故宫博物院藏

图 15-15

细褶上钉有密密的横向装饰用辫线的袍服,称作"辫线袄"。辫线袄也有出土实物,可惜这件实物的前襟已朽烂,无法了解衣襟的开法和衣领的式样(图15-17),但墓室壁画的形象弥补了这一缺憾(图15-18)。

图15-16 宝宁寺明代水陆画《往古雇典婢妈弃离妻子孤魂众》中穿有细褶的质孙服的元人形象

图15-17 新疆乌鲁木齐盐湖古墓出土的黄色油绢织金锦边袄子(背面),腰部钉有三十道辫线,共宽9.5厘米。辫线用数股丝线扭结而成,在腰的右侧,每两根辫线合并成一根,上面装有一细纽。由于腰部并不开衩,所以辫线、细纽都只是装饰。录自《文物》1975年第10期

图15-18 内蒙古赤峰市元宝区永营子沙子梁元墓壁画,见《中国美术全集》墓室壁画专集

辫线袄在《元史·舆服志》中多处提到，是元代的蒙古式戎服，军队的将校和宫廷的侍卫、武士都可以服用。

元式戎服中还有一种称作"比肩"的无袖毛皮衣，蒙古语是"襻子答忽"，其式样与唐、宋时代的背子基本相同，为帝王和职位较高的官员所服，一般罩于质孙服的外面（图15-19）。

宋代的貉袖在元代也继续使用，貉袖这时已变成小方领、中长袖、前襟用衣扣的短褂，这种短褂是清代马褂的前身（图15-20）。

图15-19 河北石家庄市郊上京村毗卢寺后殿南壁壁画《三界诸神图》中元朝差吏头上戴的是草或藤帽，袍服外披的是"比肩"

图15-20 佩剑骑士俑，山西省博物馆藏

蒙古式戎服的冠饰是帽和笠。

穿质孙服时，冬服戴暖帽，夏服戴笠和凉帽。笠和帽的颜色要与袍服的颜色相近、相配。

穿辫线袄时，戴汉式幞头或元式笠、帽都可，比较随意。暖帽有金答子暖帽、貂皮暖帽、毡帽、鞑帽等几种，凉帽有草帽、藤草帽、檐帽等几种。

草帽和藤草帽的式样很奇特，帽顶是正方形或六角形的（图15-21①—⑤）。檐帽有前檐帽和大檐帽两种，前檐帽用棕丝编成，额前有帽檐，脑后为软檐披于后。大檐帽如今天的草帽，用丝织材料缝制，这四种凉帽都有出土实物（图15-22①②）。

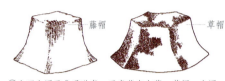

②山西大同元代冯道真、王青墓出土藤、草帽，大同市博物馆藏

①元世祖忽必烈像，头上戴的是金答子暖帽，故宫博物院藏

③元代刻本《事林广记》插图，此图中人物头上所戴即是冯道真墓出土的藤草帽

④⑤太原市小井峪元代墓壁画，图中人物头上所戴均为毡帽

图　15-21

笠有鬃笠和顶上饰有红纬的笠两种。鬃笠的外形像锣鼓器乐中的钹，所以又称"钹笠"。顶上饰红纬的笠在清代称作"红纬帽"，是百官的官帽（图15-22③④）。

①前檐帽，棕丝编制，甘肃漳县元代汪世显家族墓出土，甘肃省博物馆藏。前檐帽见《元史·世祖昭睿顺皇后传》记载："旧制帽无前檐，帝因射，日色炫目，以语后，后因益前檐。帝大喜，遂命为式。"

②凉帽，丝织材料缝制，顶上饰有串珠。出土、收藏地点同上，图15-16后面两人即戴此帽

③山西沁水县出土元骑马俑，头上所戴即饰有红纬的笠，山西省博物馆藏

④陕西省宝鸡市元墓出土陶武士俑，头上所戴为鬃笠，录自《文物》1992年第2期

图 15-22

蒙古贵族统一中国后，为了巩固政权，争取汉族上层人士，特别是知识分子的支持，在各方面都"遵行汉法"。定都北京后，朝廷制定百官的礼服、公服，"近取金、宋，远法汉、唐"，大都采用汉制。

武官的公服与宋代完全相同。只有腰带的带尾像金朝，拖得较长，下级武职人员的公服则采用辽金的服饰，头上戴无脚硬裹幞头（图15-23、图15-24）。

图15-23 山西芮城永乐宫重阳殿西壁壁画《王重阳》中穿元代官服和侍卫服饰的人物，官服与图15-24的完全相同

侍卫武士的汉式戎服是唐宋形制的短后衣，身上束两层袍肚，内层是金的式样，元代称为"捍腰"，外层是宋的式样。头上都戴辽的交脚硬裹幞头，幞头上一般都系扎各种颜色的抹额（图15-25）。

图15-24 宝宁寺明代水陆画《往古文武官僚宰辅众》中穿元式戎装和官服的人物

图15-25 山西芮城永乐宫三清殿东壁壁画《朝元图》中天丁力士形象。前二人肩上都背了一条用战国式带扣的锦带，不知何用，可能不只是一种装饰

宋辽时期罩于铠甲外的短绣衫，元代也仍然使用，其式样也没有任何变化（图15-26）。

据《元史·舆服志》记载，元代的仪卫服饰有交角幞头制、凤翅幞头制、锦帽制、平巾帻制、巾制、兜鍪制、衬甲制、云肩制、两当制、衬袍制、辫线袄制、士卒袍制等33种服饰。在穿戴时，一般以其中的一种冠或袍服为主，配以其他的服饰。根据元代的各种形象资料，现综合出如下一些仪卫服饰的穿戴方法，供读者参考：

图15-26 元佚名《搜山图》中鬼神形象，短绣衫的袖口比宋辽时期的要小，故宫博物院藏

1. 戴交角幞头、凤翅幞头时，身上所服为缺胯袍、辫线袄两种，袍服外要系袍肚、捍腰，足穿靴（图15-27①②③）。

2. 戴锦帽、鬃笠时，身上穿交领或方领质孙衣，有时腰间要束带系汗巾，前腹后臀上垂有皮质的蔽前蔽后，足穿靴或鞡靴（图15-27④、图15-22④）。

3. 戴巾时可穿方领质孙衣或短后衣。穿质孙衣时，腰间要束带系巾。穿短后衣时，要束袍肚、系胫甲和臂甲（图15-27⑤⑥）。

4. 戴平巾帻时，身上所服为盘领窄袍，袍袖盖手，腰间也要束带系巾，垂蔽前蔽后，足穿鞡靴（图15-28①）。

5. 戴兜鍪或毡笠时，身穿两当甲，有的甲外罩绣衫，为衷甲制。铠甲一般只穿身甲，披膊和腿裙都不用，铠甲内衬短后衣，有时还系肩巾（图15-28②、图15-29①）。

6. 戴交角幞头时，也可穿短后衣。腰束捍腰与袍肚，短后衣外罩绣衫，这种穿法是为衬袍制（图15-29②）。5、6两种的穿法中，腿上均要束胫甲、缚裤，有时还要束臂甲，脚上穿靴或履都可以，视其身份不同而定。

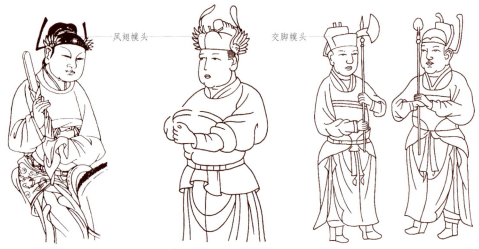

① 山西汾阳五岳庙水仙殿元代壁画　② 内蒙古赤峰市元宝山元墓壁画　③ 山西文水北峪口元墓壁画

④ 内蒙古赤峰市三眼井元墓壁画　⑤ 山西汾阳五岳庙五岳殿南壁西侧门神（曾经清代重画）　⑥ 故宫博物院藏元卫士俑，俑头上戴的巾可能是宋代的硬裹巾

图 15-27

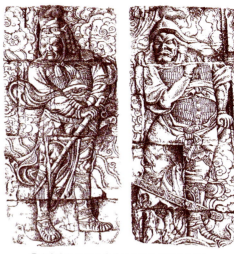

①陕西户县元贺氏墓出土兵士俑，头上戴的可能是平巾帻　　②北京市昌平县居庸关云台元代石刻（局部）

图 15-28

①山东济南千佛山元墓壁画　　②宝宁寺水陆画《日月年时四直功曹使者》

图 15-29

上述介绍的各种服饰的穿法中，除少数几种采用蒙古服以外，大部分都是汉式衣冠。

蒙古人因惯于骑马，平时一般都穿靴。靴的种类很多，有鹅顶靴、毡靴、鹄嘴靴、云靴、皮靴、鞾靴、高丽式靴等，这些靴有的已无法根据形象资料来辨认，只有鹅顶靴、鞾靴、云头靴等几种比较容易识别。普通士卒则有穿鞋袜的，鞋袜用麻制成（图15-30）。

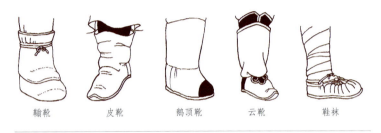

图15-30 元代的各种靴和履

元代的腰带也有汉式与蒙古式两种。

汉式腰带，基本上是沿袭宋辽金形制，没有变化。

带銙以玉为一品，分素面和镌图案二种；花犀为二品，一般是素面；黄金为三四品，用荔枝图案；五品以下用乌犀，銙数只能是八銙，带鞓为朱色。

蒙古式腰带，则是一根一头有环的皮条，围在腰部后，另一头打结穿入环中，伸出的带头掖入腰带，其形象与系法参见图15-31①②。

蒙古族男子皆髡发，留三搭头。正中一搭长至眉间的，稍长就剪短，蒙古语称作"不狼儿"，两侧两搭余发可编成辫发，也可扎成发髻（图15-32①②③）。

元代铠甲一般都是金、银、黑色，衬于铠甲内的袍服也以白色为主，掺杂以绯、青、黑等色。公服一至四品为紫色，六七品为绯色，以衣料上花纹直径的大小来区别，八九品用绿色，为无花纹的罗。质孙服的品级颜色很多，冬服九等，夏服十四等，以制衣锦缎的优劣、名贵程度来区分等级，颜色大致有大红、桃红、紫、蓝、绿、白、黄、鸦青、银褐、枣褐、茜红等多种颜色。

①陕西宝鸡元墓出土的陶俑

②蒙式腰带系扎法示意图

图 15-31

①元成宗像，故宫博物院藏

②元刻本《事林广记》插图中剃婆焦头人物

③陕西宝鸡元墓出土戴笠俑，为两种余发的编束样式

图 15-32

明代

公元1368—1644年

- 铠甲日趋轻便简单，盔越发坚固、考究
- 铠甲样式多，如锁子甲、布面甲、罩甲等
- 盔、巾、帽、冠等
- 戎服等级差别最明显
- 窄袖宽袍、短后衣、缺胯袍等
- 腰带有双带扣和单带扣两种，开始用卡簧系结
- 虽无佩鱼制度，却有悬带金牌之制
- 靴、履，下级军人一般只能穿履
- 戎服红色，间以紫、青、黄、白等作为配色

图16-1 明代武士复原图

- 甲胄根据敦煌博物馆、山西省博物馆收藏实物、十三陵石刻与出土实物、山西浑源粟疏美墓石刻复原；
- 戎服根据《王琼事迹图》《义烈传》插图、湖北武当山金顶殿铜像、山西平遥镇国寺壁画等形象复原；
- 革带根据江苏南京、辽宁鞍山倪家台等地明墓出土实物复原；
- 兵器采用中国国家博物馆藏戚继光钢刀、李自成起义军用铁刀、成都凤凰山明墓出土铁刀、铁弓，日本有马成甫藏铜手铳，参照《乡约》《练兵纪实》等书插图设计、复原。

元末爆发的红巾军大起义，使元朝的统治走向了崩溃。

明代开国皇帝朱元璋也参加了起义军，经过几年奋斗，很快从一个下级指挥官成为据有今南京、皖南、浙江东南等地的大军阀。1360年脱离起义军后，就以未来帝王的身份开始进行统一战争，次年八月，北伐军攻进元大都（北京），元朝灭亡。与此同时，朱元璋也在南京登基，建立了明朝。

明皇朝建立之初，北有元的残余势力，南有夏等割据政权，沿海各地的倭患也很严重。这些都促使明皇朝积极采取措施，发展军工生产，提高火器和铠甲制造的水平，不断加强国防力量。

据《明会典》记载，明代的甲胄绝大多数是用钢铁制造的，技术十分先进，种类有齐腰甲、柳叶甲、长身甲、鱼鳞甲、曳撒甲、圆领甲等。铠甲的各部件都有严格的重量规定，在形制和式样方面也分为前后两个时期。

众多的资料表明，明初的铠甲基本上是北宋的形制，有些还采用了唐、五代时期的式样。

最能证实这一情况的是1996年广州市文物考古研究所配合城市建设时，在中山五路发掘清理出的一套铁甲，经专家白金荣先生等人努力，于8年后得以复原（图16-2）。

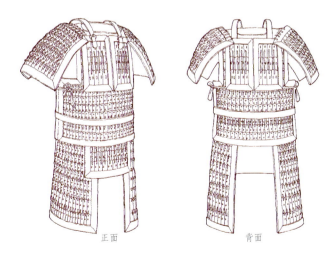

图16-2 广州市中山五路明墓出土明代铁甲复原图

这领铁甲用1165片甲片编成，胸、背甲有内外两层，内层与腹甲、腿裙相连，用肩带系扣后披挂于身，外层与披膊相连，像坎肩一样罩于内层甲衣外。形象与《武经总要》上的附图完全相同，经鉴定也证实的确属明代初期的物品。[32]

明初比较典型的铠甲形象还有北京昌平十三陵神道上的武将石刻（图16-3），身上的甲胄除顿项以外，各种形制一如宋制，连袍肚、胸前束甲的丝绳打结也与宋陵石刻上的方法一样（参见图11-4）。唯一不同的是前胸正中增加了护心镜，这是从辽朝的铠甲中吸收来的。与这件石刻相同的铠甲形象是山西广胜寺飞虹塔上琉璃雕像和抚顺市元帅府的石刻武将像（图16-4、图16-5），后一雕像的两片腿裙中间，出现了长长的鹘尾，这种三角形的鹘尾是明代特有的。

图16-3 北京昌平十三陵神道石刻镇陵将军像

图16-4 山西省洪洞县广胜上寺飞虹塔琉璃像

在山西浑源粟疏美墓神道上，有一尊保存很完好的大理石武将雕刻像。甲胄服饰等各部细节刻划十分细致，是很好的参考形象（图16-6）。

图16-5 辽宁省抚顺市元帅府明代石刻武将像

图16-6 山西省浑源县清粟疏美墓神道上大理石武将雕刻像（据实物照片绘制）

这尊石像表现的是明中期的甲胄形象，虽然仍保持了明初的基本风格和样式，但很多地方已开始发生变化。兜鍪已不再是宋代的凤翅盔，盔檐两侧的装饰像卷云。顿项为三片式，但不同于五代时期的外形和安装方法，横长条的甲片可能是皮革制成的，上面钉有甲泡，系于颔下的系带平时则系结脑后。

护心镜用绳束另束于胸前，这一点与明十三陵和抚顺元帅府的石刻像明显不同。

袍肚的式样则像南宋时期，腹部有兽头护腹甲（护腹甲被两手挡住，只露出双耳），垂于腹下的鹘尾，与抚顺元帅府的相同。从下缘处翻卷的形象来看，有可能是以绢布或薄皮为底，上缀甲片而成，比较轻软。两侧的腿裙十分厚重，腿裙的上下缘处各有一个兽头装饰，中间有皮带相连，皮带的一头装有带扣，这是为了吊挂腿裙而设的装置，在披膊上也有这种连接臂甲与披膊的装置。

臂甲和保护臀部与后腿的上下两片甲，很像是用皮革制成的。细节刻划上不够明确的是胸背甲，在方形甲片的上面还有如意头的卷云纹图案，图案上又钉有甲泡，这或许是雕刻师加上去的装饰。

粟疏美为清朝河东河道总督,但墓前神道上的石雕文武官员像全都是明式衣冠,而又得到清政府的默许得以保留至今,其中是有历史原因的(详见清代部分)。

与粟疏美墓这尊石像铠甲基本相同而塑造更明确的是太原崇善寺的彩塑。这尊彩塑应该说比石刻更准确地反映了当时铠甲的真实面目,其腿裙上虽然没有吊挂装置,但中间折起的形象却表明了吊挂装置原来可能是存在的(图16-7)后来在修整时被毁掉了。

最能清楚地表现这一装置的是山西平遥双林寺的明塑韦驮像,这尊佛像为明代杰出的雕塑作品,塑像的腿裙上装了一根小链勾吊住折起的部分(图16-8)。北宋开始,腿裙逐渐加宽加长。《宋史·兵志》中记录了南宋的腿裙差不多有20斤左右的重量。经由元代的发展,至明中期,有的长度已快要覆盖住脚背。腿裙长不会妨碍骑马,但会影响人上马和走路,装了吊挂装置,上马前步行时将腿裙收起,骑上马后将

图16-7 山西太原崇善寺明代彩塑天王像
(据实物照片绘制)

图16-8 山西平遥双林寺明代彩塑"韦驮"像

腿裙放下，可谓能长能短，伸缩自如，不能不说是一种发明。韦驮像的兽头盔塑造得很真实，盔下的帽衬清晰可见，是同类形象资料中表现最合理的。

兽头盔始于唐代，宋元时仍在使用，至明代出现于这尊像上恐怕是属于宗教艺术、抄袭前代的，这时候实际上已不再使用这种盔了。这种盔虽然以后不复出现，但究竟如何定名尚是一个问题。《宋史》中曾提到韩世忠有连锁甲、狻猊鍪，狻猊亦作"狻麂"，是古人对狮子的一种称呼，狮子在古代经过人们的夸张处理，一直是象征威猛的似是而非的动物，我们见到的这种盔上的兽头又像虎又像狮，很可能就是狻猊盔。

韦驮像的铠甲集唐、宋、明的形制于一身，腹甲、胫甲等很多部分已有明显的艺术夸张痕迹。这一现象在明代佛教艺术品上是很突出的，在参考这方面资料时，必须剔除这些因素进行观察。

图16-9、图16-10的两幅佛像就是典型的例子。去掉两像身上繁缛华丽的装饰、附加物，就可以清楚地看出，山西新绛县稷益庙天王像为典型的宋初铠甲，与湖北明

图16-9 山西省新绛县稷益庙正殿东壁壁画

图16-10 宝宁寺明代水陆画《守斋护戒诸龙神众》中穿明式铠甲的神将

显陵石刻像的甲胄完全一样（图16-11）。而宝宁寺水陆画的神将铠甲则与五代王建墓宝篆盖上武将银饰片的铠甲相同，特别是束于腹部的圆形护甲如出一辙。

塑造比较写实的是山西平遥清凉观的两座神像，除了腿裙膝部的兽头比较夸张外，其余各部分都属合理，这两式铠甲是明中期的典型形制（图16-12）。仔细观察太原崇善寺、平遥双林寺和清凉观的彩塑像，可以发现明代铠甲的甲片出现不少新的变化：甲片已不再是薄平片，而成为有棱有角的、中间突起的甲泡，这种甲泡不仅增加了甲片的强度，也改变了甲的编缀方法。铠甲的表面已看不出编甲片的绳索，甲片可能都是用甲钉钉在甲衬上的，所以明代的甲片看上去都很小。

 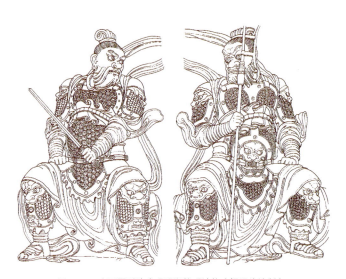

图16-11 湖北省钟祥县明显陵神道石刻武官像

图16-12 山西平遥清凉观明塑护观神将（据照片绘制）

明代中期火器制造得到进一步发展，欧洲的佛朗机和红夷大炮也相继传入。这些近代兵器的出现，将旧式铠甲无情地淘汰了，代之而起的新式铠甲主要是锁子甲和布面甲，特点是轻便、结构简单而遮盖面大。

锁子甲是以小铁环相互套连编成的铠甲。当时还属于十分贵重的珍稀物品，元代时使用已较普遍。但元代的锁子甲外表缀有铁甲片，可能铁环也比较大。到明代时，锁子甲都用直径1厘米左右的铁圈编连，也不再缀甲片配内衬了，直接套于戎服之外。明代的锁子甲各地博物馆保存的实物很多，大部分都是半身的，少数也配有腿裙，有的把腿裙做成套裤形状，穿套在腿上用带系于腰，在膝下和足踝部再用带束扎住，宝宁寺水陆画上表现了这一形象（图16-13①）。这种锁子甲与旧式铠甲相比，同样是钢铁制造，但是要轻便多了（图16-13②③）。

②明代短袖锁子铁甲，敦煌市博物馆藏

①宝宁寺明代水陆画上锁子甲套裤形象　③明御林军使用的长袖、有腿裙的锁子铁甲，山西省博物馆藏

图 16-13

布面甲是从元代继承而来的，制造方法分两种：一种仍像元代那样，以布为面里，中间缀铁甲片，表面钉甲钉（图16-14）。另一种称"绵甲"。《涌幢小品》卷十二中记载：

> 绵甲以棉花七斤，用布缝如夹袄，两臂过肩五寸，下长掩膝，粗线逐行横

图16-14 明崇祯山西总兵周遇吉所属宁武路静乐管二队鸟枪手长赵勇所穿盔甲实物,山西省博物馆藏

直。缝紧入水,浸透取起,铺地,用脚踹实,以不胖胀为度。晒干收用,见雨不重,霉鬓不尽,鸟铳不能大伤。

这两种布面甲是专门用来对付管形火器的,这些软甲在明后期大量使用的事实,实际上宣告了铠甲的历史使命行将结束。

比布面甲更为轻便的是罩甲,罩甲出现于正德年间,也分两种:

一种是用甲片编成的,形如对襟短褂,有腿裙而无披膊,有腿裙者一般都为将官服用(图16-15①②),士兵则穿无腿裙的短罩甲(图16-16①)。但也有特殊的情况:1956年中科院考古所对明万历皇帝的定陵进行发掘,出土了一件用198片铁甲片编缀而成的罩甲,这是件属于最高规格的铠甲。甲片均锻制而成,分为16种类型,用多股丝线编成的绦带为绳,进行穿联。甲衣编成后周缘包边,内衬织锦,左右前胸与后背中心还各缀一护心镜,护心镜上镌刻着精美的神像。这件罩甲无披膊也无腿裙,但配有豪华的铁盔(图16-16②)。[44]

另一种是纯用布为面里,中间不敷甲片的罩甲,开始只有军队使用,到后来王公显贵、市井平民都争相仿效。朝廷只得于正德十六年(1521)下令禁止军民人等穿紫花罩甲,其余的颜色则听便(当然不包括龙袍的颜色),所以,罩甲后来成为明代百姓的一种时装(图16-17①)。

腿裙,有腿裙者一般为将官服用

① 明皇陵石刻镇陵将军像,洛阳市关林石刻陈列馆藏

② 明人绘《王琼事迹图》中穿罩甲提督。此图罩甲内穿的是蟒服,《明史·舆服志》载:"……永乐以后,宦官在帝左右,必蟒服,制如曳撒,绣蟒于左右,系以鸾带,此燕闲之服也。……贵而用事者,赐蟒,文武一品官所不易得也。……又有膝裥者,亦如曳撒,上有蟒补,当膝处横织细云蟒,盖南郊及山陵扈从,便于乘马也。或召对燕见,君臣皆不用袍,而用此。"图中的袍服图案与上述记载相一致。蟒服应公服一类,此图可以证明公服有时亦可做为戎服穿于铠甲之内

图 16-15

士兵穿的短罩甲

① 宝宁寺明代水陆画中穿短罩甲的明军士兵　　② 北京明定陵出土万历皇帝铁罩甲复原图

图 16-16

253　明代

明代沿海和少数民族地区在嘉靖年间出现过很多民间武装，这是在倭寇大举入侵时，为保卫家乡而自发组织的。这些民间武装就地取材，曾使用皮革、牛角片、藤等材料制甲。《武备志》等书对这些特殊的甲胄都做了记录（图16-17②），其中的皮甲在今天的四川凉山彝族地区还收藏有很多实物。其传统的制甲技术到新中国成立初期也仍在使用，制造出的皮甲曾作为珍贵的礼物送给毛主席等中央领导，这些皮甲反映出古代制甲工匠的高超工艺水平（图16-18）。

①明代历刻本《元曲选》插图中穿布罩甲的将士，明刻本《义烈传》插图中穿布罩甲的吏卒

②《武备志》书中记录的粤兵盔甲，左为铁制盔帽，右为甲衣，披膊是用牛角片制成，身甲为革制

③《筹海图编》记录的赤藤甲。制作方法：将藤浸晒后编成，外涂桐油，轻坚利便

图 16-17

明代后期的铠甲虽然日趋轻便简单，但保护头部的盔却相反变得越来越坚固、考究，这可能是身体轻便灵活，躲避较为方便后，头部常常成为主要攻击目标的缘故。出土的实物有：

明定陵万历皇帝生前用的铁盔，与铁罩甲同时出土。盔用铁锻制而成，分六片瓜瓣形甲片铆合而成，接缝处，与盔沿口包镶有金饰条和小珍珠做装饰，每块甲片中间也嵌有錾金六甲神饰片，盔顶镶有金质莲花座，座上嵌一尊玄武大帝坐像，像背后有三管金插座，用以插缨旗类饰物，盔的内面也用丝绢类识物为衬里。

图16-18 明代彝族皮甲盔由三块圆甲片组成，头顶一片，两耳处各一片，中间用皮线连系。身甲的腰以上由十块大甲片组成胸、背、肋甲，甲裙由四排小甲片编成。编缀用的都是皮绳。臂甲和膝甲都用厚皮块制成。甲的表面髹漆，上面绘有精美的彩绘，有的还镶嵌了银饰。肋甲的边上都注有制作年代，有时还写上一些表示吉利的赞语

255　明代

1992年在四川成都城北凤凰山的明蜀世子朱悦燫墓中也出土过一顶铜盔，盔体下镶有锁子甲护颈。2001年在湖北省钟祥的梁庄王墓中出土的一顶盔则又是一种制造方法。这顶盔用12根铁条做成帽架，铁条之间平贴多层麻布，然后髹红漆，盔的中间，用金粉书一"勇"字（图16-19①）。[45]

据《明会典》记载，明代的盔有铁帽、头盔、锁子护项头盔、抹金凤翅盔、六瓣明铁盔、八瓣黄铜明铁盔、四瓣明铁盔、摆锡尖顶铁盔、水磨铁帽及头盔、水磨锁子护项头盔等18种盔，定陵出土的即是其中的"金护法顶香草压缝六瓣明铁盔"（图16-19②）。《武备志》中记录了六种并有附图，参见图16-19③—⑥），《中国兵器史稿》中也收录了一些，其绘制的插图也比较准确（图16-19⑦—⑩）。从盔的名称来看，基本上都是钢铁制造的。从式样来看，有的明显是沿袭元代的，余如凤翅盔等，应是仿照宋代的，铁帽的形象则可参考图16-14、图16-19②。

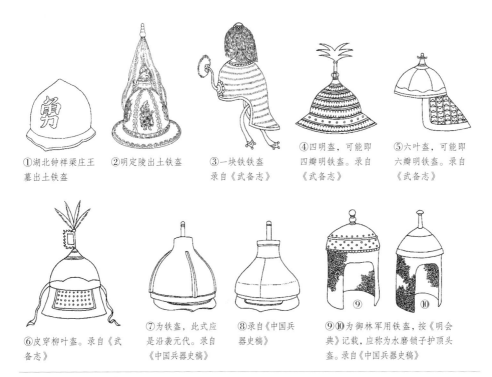

①湖北钟祥梁庄王墓出土铁盔　②明定陵出土铁盔　③一块铁铁盔 录自《武备志》　④四明盔，可能即四瓣明铁盔。录自《武备志》　⑤六叶盔，可能即六瓣明铁盔。录自《武备志》　⑥皮穿柳叶盔。录自《武备志》　⑦为铁盔，此式应是沿袭元代。录自《中国兵器史稿》　⑧录自《中国兵器史稿》　⑨⑩为御林军用铁盔，按《明会典》记载，应称为水磨锁子护项头盔。录自《中国兵器史稿》

图16-19 明代的各种盔

保护足部的卫足正式见于记载是在明代，有两种：一种是用铁网制成的甲靴，另一种如辽金时期的护甲。护甲以皮或厚毡裹于胫部，或连接在胫甲上，用带在踝骨处束紧，伸出的部分覆盖住脚背，形如元代的鞈靴。护甲也可能用铁网制作，或在皮衬上钉缀甲片制成（图16-20、图16-21）。

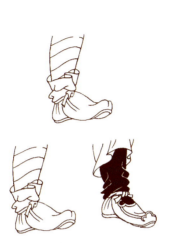

图16-20 宝宁寺明代水陆画中的足护甲形象　　图16-21 四川成都凤凰山明朱悦燫墓出土陶武士俑，此俑的靴上覆盖有护甲，护甲可能与胫甲相连在一起

明代的武官制度是历史上最完备的，而军戎服饰的等级差别也最明显。

朱元璋登基后，采取了多种手段加强专制的中央集权统治，其中包括制定一整套十分周密的官制和复杂的礼仪服饰制度。从洪武三年至二十六年（1370—1393），朝廷曾七次下诏规定文武百官、将校军士乃至社会各界人士的服饰，简直是样样都有定制，不可随便逾越、违背。

武官九品以上有四种官服：朝服、公服、常服和赐服。这四种服饰中，公服和常服在明初是合二为一的，中期开始分开，除常服使用较普遍以外，其余三种都属宫廷服饰，不属戎服范围。图16-22、图16-23为朝服和公服形象。

图16-22 宝宁寺明代水陆画中穿朝服（左二人）、公服（右一人）的明代官员形象　　图16-23 宝宁寺明代水陆画中的貂蝉冠形象

朝服为唐宋以来的传统样式，除了梁冠的外形、各品级服饰颜色有小的变化以外，其余没有什么不同。公、侯、驸马品级的官员，在朝服梁冠上要戴笼巾，有笼巾的梁冠也称貂蝉冠，外形与宋代基本相同。

公服于洪武二十六年（1393）制定，"每日早晚朝奏事及侍班、谢恩、见辞则服之。在外文武官，每日公事服之"（《明史·舆服志三》）。这也是宋制，除幞头的展角尖微有变化外，其余都基本一样。

常服定于洪武三年（1370），是文武官员"常朝视事"的制服，使用场合较多，在没有制定公服制之前，它实际上就是公服。袍服的形制与公服相同，以胸背上的补子和袍服颜色区分品级。常服在江苏泰州明刘湘墓中有实物出土，各品级的补子在《三才图会》书中有图录（图16-24①②）。穿常服时要戴乌纱帽。乌纱帽在上海卢湾区发现过实物（图16-25①），据记载隋文帝时就使用过这种官帽，唐高宗时一度也使用过。可能因为使用的时间都较短，所以在隋唐时期的形象资料中，至今没有发现过戴乌纱帽的人物。这种乌纱帽还流传到日本，被制成日本武士的一种头盔（图16-25②）。

①武官九品补子,录自《三才图会》

②织狮补服,南京博物院藏

图 16-24

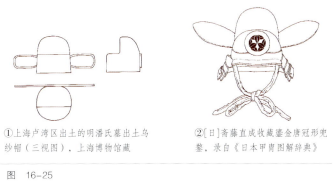

①上海卢湾区出土的明潘氏墓出土乌纱帽(三视图),上海博物馆藏

②[日]斋藤直成收藏鎏金唐冠形兜鍪,录自《日本甲胄图解辞典》

图 16-25

赐服与宋代的时服性质相同,但内容有所不同,所赐服饰只有公服常服形制的袍服一种,而且专指品级未到而皇帝特许穿的官服。

最贵重的有三品:一品蟒服、二品飞鱼服、三品斗牛服(正德十三年曾变更为一品斗牛、二品飞鱼、三品蟒，至嘉靖元年又重新改回），以胸前的绣纹图案来命名。

蟒、飞鱼、斗牛外形均像龙。蟒为四爪（比龙少一爪），飞鱼龙首、鱼尾、身上有鱼翅。斗牛也是龙首，但牛角、鱼尾、飞鱼服在山西省博物馆藏有实物，蟒、斗牛的形象可参考明李邦镇、王鏊画像（图16-26、图16-27①②）。

图16-26 王鏊写真像，明佚名画。《明史·舆服志》载："单蟒面皆斜向，坐蟒则面正向，尤贵。……当膝处横织细云蟒……"此服应为单蟒服

常服和赐服虽也不属于戎服范围，但常服作为武官的品级制服经常要穿戴。

明皇朝继承宋的衣钵，在政治上以各种方法抑制将帅，武将如要获得较高的官职，都要经过文试才能进入仕途，重文轻武的风气影响整个社会。因此，武职人员除了作战和必须穿戎服、铠甲的场合以外，平时都穿常服和士大夫的服饰。为了比较明显地区分文武官的制服，洪武二十三年（1390）规定："文官衣自领至裔，去地一寸，袖长过手，复回至肘……武官去地五寸，袖长过手七寸"（《明史·舆服志三》），普通军人衣长则要离地七寸。

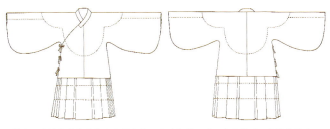

①山西省博物馆藏明代飞鱼服实物，左为袍服正面，右为背面，虚线是图案所布位置，下裳折裥，正面右侧五折，左侧七折，背面左右两侧均为四折

背部飞鱼纹图案　　　膝裥处飞鱼纹图案

②临淮侯李邦镇画像，录自《岐阳世家文物图像册》身上所服为斗牛服。《名义考》曰"斗牛如龙而牛角"，此像上的斗牛图案与南京出土的带𬘓上的图案完全相同（图16-49）

图 16-27

　　明后期由于绵甲已变成与袍服一样的形制，武官的常服，甚至赐服此时也经常作为戎服衬于布面甲、罩甲之内（参见图16-15）。

　　明代前期，属于武官戎服的有如下几种样式：

　　一种形制如唐代的窄袖宽袍，这种袍无领、无扣，右衽，裹襟与外襟在前身重叠时大幅交叉，以勒帛和腰带在胸部和腰部系束。一般都穿在铠甲外，常见的有两种穿法：一种是袒露右臂，右侧衣袖掖入背后腰带（有的袍服根本就没有右衣袖）。另一种是穿上双袖，敞开前胸，露出内衬衣甲，其形象参见图16-28、图16-29、图16-30。这种戎服袍为品级较高的将帅服用，穿此袍服时，一般都戴巾或幞头。

　　另二种分别是唐宋时的短后衣和缺胯袍，在明初穿法与宋元时期相同，既穿在外表，也衬于铠甲内。这两种穿法同时又是军队和宫廷内的侍卫、仪仗服饰。服短后衣穿铠甲时，一般只穿身甲和腿裙。短后衣或缺胯袍穿在外面时，则像元代时束两层袍肚，肩系四垂巾，这两种仪卫服饰在明代很盛行。与这些服饰相配的冠也比较随便，可以是凤翅盔，可以是幞头，也可以戴巾和小冠（图16-31、图16-32、图16-33、图16-34、图16-35①②）。

图16-28 湖北武当山金顶殿真武大帝像

图16-29 山西太原关帝庙彩塑关羽像

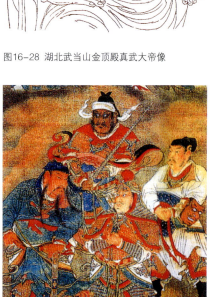

图16-30 宝宁寺明代水陆画中关羽（左一）和兰陵王（右一，即南北朝戴假面作战者）像，两人的宽袍穿法均与真武大帝像相同

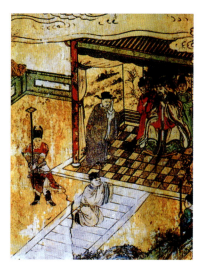

图16-31 山西平遥镇国寺明代壁画

图16-32 宝宁寺明代水陆画中仪卫人物服饰

图16-33 四川成都市郊保和乡出土明仪卫俑,成都市博物馆藏。此俑的腿部好像有大块皮革做成的腿裙

图16-34 江苏盱眙明祖陵神道石刻像

铠甲
绣衫

①四川成都东郊龙泉驿区明蜀僖王墓出土武士俑,成都市博物馆藏

②四川平武县明王玺家族墓墓室内浮雕

图 16-35

宋代罩于铠甲外的绣衫，明代也继续使用，其式样完全恢复了宋制（图16-36、图16-37）。衷甲制在明代可能仅存在于中期之前，后期因铠甲形制的完全改变而不复使用。

图16-36 明画《关羽擒将图》，关羽穿的是窄袖右衽宽袍，周仓、关平则在铠甲外罩绣衫

图16-37 山西平遥镇国寺大殿大门两侧外墙壁画，人物的短衫好像罩在袍服外面

明代的戎服还吸收了元代的质孙衣的形制，后改名曰"曳撒"，永乐以后，曳撒服成为宫廷宦官和皇帝随侍文武官员的燕闲之服，曳撒上如绣有蟒纹，为很显贵的赐服，文武一品官也不易得到。山东邹城出土的织金缎蟒纹袍，就属于这种曳撒（图16-38）。

明代军人在穿戎服时，既可戴盔胄，又可戴巾、帽、冠。穿仪仗戎服时戴的盔是用布仿铁盔制成。

明代的巾名目繁多，其中有一些是幞头的变名，如折上巾，大部分巾各式人等都可戴用，无明显界限。明后期的军人基本上都戴巾，特别是水军将士。这些军人戴的巾大多如隋唐时的平头小样幞头，当然也有加巾子的硬裹巾（图16-39、图16-40、图16-41）。

图16-38 织锦缎蟒纹曳撒袍，山东邹城明朱檀墓出土，山东省博物馆藏

图16-39 四川平武县明王玺家族墓墓室内浮雕侍卫像，头上所戴应是硬裹幞头

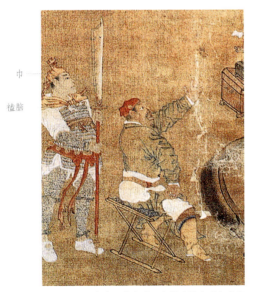

图16-40 宝宁寺明代水陆画中戴巾的士兵和戴褡脑的将校

图16-41 宝宁寺明代水陆画中穿公服、戴折上巾的官员形象

帽为红笠军帽，与宋代一样为普通士兵所戴，一般用毡制成，其式样、外形与宋金时相差无几（图16-42①）。

还有一种形如软帽的"裹脑"，为将军、力士、校尉、旗军所戴。其形象参见图16-42②、图16-43。

①明万历刻本《水浒全传》插图，戴红笠军帽、穿罩甲的军士

②明琉璃俑，录自周锡保《中国古代服饰史》。此俑出处不详，头上所戴为裹脑

图 16-42

图16-43 山西平遥镇国寺壁画，左面持双剑、穿红衣者，头上戴的是裹脑

冠有忠静冠、小冠等。

忠静冠，所谓忠静，有进思尽忠、退思补过的意思。《明史·舆服志三》写道：

> ……冠匡如制，以乌纱冒之，两山俱列于后。冠顶仍方中微起，三梁各压以金线，边以金缘之。四品以下，去金，缘以浅色丝线……庶几乎进思尽忠，退思补过焉……武官止都督以上，其余不许滥服。

忠静冠在苏州枫桥明墓中曾出土了一件保存完好的实物，其形制、颜色均与《明史》记载吻合（图16-44①）。

小冠，就是宋代的束发罩冠，明代的武将也经常使用，崇善寺的明代彩塑天王，头上戴的就是小冠（图16-45），小冠也有很多出土实物，其形象参见图16-44②③。

①江苏苏州枫桥明王锡爵墓出土的忠静冠（据实物写生），苏州市博物馆藏

②江西南城明益宣王朱翊鈏墓出土玛瑙七梁小冠（高3.5厘米，据照片绘制），江西省博物馆藏

③江苏南京明徐俌墓出土琥珀发冠，南京市博物馆藏

图 16-44

图16-45 山西太原崇善寺的明代彩塑

据《明史·舆服志三》记载，正德十一年（1516）时："都督江彬等承日红笠之上，缀以靛染天鹅翎，以为贵饰，贵者飘三英，次者飘二英。兵部尚书王琼得赐一英，冠以下教场，自谓殊遇。"这则记载很明白地证实了在冠顶上插翎羽的制度并非始于清代，而在明代时就已经出现了，宝宁寺水陆画和《邢玠抗日援朝战迹图》上还能见到插翎羽的形象描绘（图16-46①②）。

从《武备志》插图和《邢玠战迹图》上还可以看出，有时盔顶还插小旗（图16-46③④），小旗有时又与翎羽同时插在一起（图16-19⑥）。盔顶插小旗不见于文字记载，但《武备志》和《战迹图》都是明代所作，可靠性应比较大，小旗与翎羽后来是否同属于英，尚有待日后发现新资料予以证实。

明代的下级军人一般只能穿履，而不能穿靴。穿履时腿上要裹行缠。靴大部分为短靿靴，即短筒靴，有用皮革制的，也有用缎制的，出土与传世的实物很多。靴和履一般都是薄底、翘尖，少数也有平、圆头的（图16-47①—④）。

①宝宁寺水陆画中戴簪花幞头插翎羽的形象

②《邢玠抗日援朝战迹图》中在军笠帽上插翎羽的形象

①短靿靴，上海市宝山县出土，上海博物馆藏

②朝靴，山东曲阜孔府藏传世实物

③《武备志》卷一二九《木火兽》插图

④《战迹图》中戴插有三面小旗的盔的军官

③明代瓷俑上的云纹靴头短靿靴，四川省博物馆藏

④广东广州东山戴缙夫妇墓出土布鞋，广州博物馆藏

图 16-46

图16-47 明代的靴、履

明代的腰带有双带扣和单带扣两种。双带扣、双铊尾带大都用来束甲，其结构、式样保持了北宋时期的形象。单带扣带改变比较大，有的开始用卡簧系结（图16-48①—④）。

束带卡簧是明代的一种发明，其制作工艺十分精巧（图16-48⑤）。用卡簧束带无形中去掉了带尾，带銙中的铊尾失去了原来所处的位置，这时变成为带銙的一部分排列在腰带的左右两侧（图16-49）。而用单带扣系束的腰带，也不再像过去那样要插带尾，而是把带尾穿过带銙后反折入腰带的里面，表面上不露出多余部分来，因此，这时期的带扣上用于穿过皮带的空隙很窄（图16-48②、图16-49）。

①单带扣腰带
②单带扣腰带
③双带扣、双铊尾腰带
④双带扣、双铊尾腰带
⑤辽宁鞍山倪家台明崔源家族墓中出土的鎏金錾花银革带带卡簧的细部结构图，录自《文物》1978年第11期

图16-48 ①—④为宝宁寺明代水陆画中各种腰带的形象

腰带的带銙装饰也具有明代特点，正面的中间位于带扣处为三方銙，正中一大方銙，两侧两小方銙，合称"三台"。三台两侧各排三枚桃形銙，一枚小方銙、一枚铊尾，其后为七方銙。

全国各地出土的明代带銙实物，如江苏南京发现的斗牛纹饰的黄金銙，辽宁鞍山倪家台崔源族墓发现的银鎏金、玉带銙，湖北钟祥梁庄王墓出土的包金素面玉，镂空云龙纹青白玉，金镶青白玉带銙等。虽然外形微有变化，但带銙数量、大小形制、排列方法都基本相同（图16-49①②③）。

制作銙带的材料品级按《明史·舆服志三》的记载，公服腰带的带銙："一品玉，或花或素（指有无镌刻图案）；二品犀；三品、四品金荔枝；五品以下乌角。"常服腰带的带銙："一品玉；二品花犀；三品金鈒花（指一种图案）；四品素金；五品银鈒花；六品、七品素银；八品、九品乌角"。九品以下武职人员和普通军士只能用铜銙，仪卫人员则用涂金、涂银带銙。

明代官服外的腰带，都束而不着体，用细纽扣住腰带垂悬于腰间，作为象征身份显贵的装饰。只有用于戎服和铠甲外时才真正系束。从不少形象资料中我们可以发现，公服的腰带上一般还要再系一条装饰带，它悬于胸前，带的左右两头插垂于腰带下，这条装饰带是明代特有的，象征着周代前后衮冕服中的大带。古代帝王的衮冕服，要束革带、大带两条腰带，革带在里，大带在外，明代于嘉靖八年（1529）恢复了这一古制。这条装饰带用锦绮制成，表面无带銙装饰，只在带头缀有两个铊尾，在出土的整套带銙中都有两个铊尾（而带扣大都只有一个），这两个铊尾也很可能是用于这条带上的（图16-50①②）。

明代虽无佩鱼制度，但却有悬带金牌之制，《明史·舆服志四》记载：

> 其武臣悬带金牌，则洪武四年所造。阔二寸，长一尺，上鈒双龙，下鈒二伏虎，牌首尾为圆窍，贯以红丝绦。指挥佩金牌，双云龙，双虎符。千户佩镀金银牌，独云龙，独虎符。百户素云银牌符。太祖亲为文鈒之曰："上天祐民，朕乃率抚。威加华夏，实凭虎臣。赐尔金符，永传后嗣。"

①江苏南京太平门外板仓明墓出土黄金带銙,南京市博物馆藏。这组带銙的图案全部为斗牛纹饰,有可能是一条赐带,带銙的图案镌刻十分精美(据实物写生)

②辽宁鞍山倪家台明崔源家族墓出土鎏金錾花银带銙、带扣,录自《文物》1978年第11期

③斗牛纹带銙排列分布图

图 16-49

①宝宁寺水陆画中穿公服束两条腰带的形象　②江西吉州窑遗址出土官吏残身像瓷塑，录自《文物》1982年第12期

图　16-50

　　洪武六年（1373）以后又创制了金字银牌和牙牌制度，颁发给卫军、锦衣卫和百官佩带，以作为出入皇城、宫殿的凭信，牙牌的形象参见图16-51。

　　明代的铠甲以金、银、黑色为主，后期的绵甲因为以缎布为面，所以色彩较多，有青布甲、黄罩甲、青白绵布甲等。

图16-51　明王杼所佩象牙腰牌，中国人民革命军事博物馆藏

盔、巾的颜色也多种多样，幞头仍是黑色。

皮靴有黄、黑二色，缎面靴则有棕、紫黑、黑等色，靴面有时还用红、蓝、白、黑等色材料缘边，镶拼。

戎服则因"武事尚威烈"，所以用红色，间以紫、青、黄、白等作为配色。洪武元年（1368）还使用一种"表里异色"的军士服，谓之"鸳鸯战袄"，这是为了便于军队改换服色。

武官的公服、常服，一至四品为绯色，五至七品为青色，八九品为绿色。在同一色彩中，以衣料花纹直径的大小来区分等级，如一品用大独科花，径五寸，以下依次递减，这一点与元代相同。腰带的带鞓则有赤、青等色，官服外一般都用青鞓。

清代

公元1644—1911年

- 明甲、暗甲、铁甲、绵甲等，清代中后期铠甲废弃不用
- 职官胄、随侍胄、兵卒胄等
- 行袍、马褂等
- 暖帽、凉帽、头巾、毡帽等
- 军官一般穿靴，士兵穿双梁鞋或如意头鞋等
- 武官的腰带一般都附在弓袋、刀剑上，佩戴时一起系上
- 石青和蓝色为主

图17-1 清代武士复原图

- 甲胄戎服根据故宫博物院、河北承德避暑山庄等地收藏实物复原；
- 兵器采用故宫博物院、敦煌博物馆收藏实物形象。

清朝是由居住在东北黑龙江一带的满族建立的、我国历史上最后一个封建皇朝。

满族的前身是女真族，女真的完颜部落在11世纪时曾建立金朝，当时大部分女真人从东北迁入黄河流域并定居下来，继续留居原地的海西、建州、野人三部后来就成为满族。16世纪后期，努尔哈赤成为建州部落首领，在他的领导下，先后合并了东北女真的各部落，建立起八旗制度。公元1616年，努尔哈赤在赫图阿拉城（今黑龙江新宾县境）称帝，建立"后金"政权。两年后他公开反明，开始了与明朝的战争。1644年李自成农民起义军攻入北京，明朝灭亡。清军在山海关明总兵吴三桂的配合下镇压了农民起义，并消灭了南明政权和抗清力量，统一全国，建立了清皇朝。

在清皇朝前期，特别是康熙统治时期的中国，还是一个强大的国家。由于长期与明朝进行战争，清军不但学会制造和使用火器，而且掌握了从欧洲引进的枪、炮等近代兵器。特别是康熙朝的兵器生产，无论是技术性能，还是数量品种，都达到了历史高峰。火器的日益发达使铠甲越来越不受重视，因此清代的铠甲在前期还用于作战，中期以后纯粹变成了摆设，只有在阅兵等典礼上有时还使用，作战时只穿戎服或绵甲，根本不穿铠甲。

清代的铠甲据《清会典》记载，有明甲、暗甲、铁甲、绵甲等几种。

明甲：铁甲，甲片露于表面，制作精美，为帝王贵臣、高级将帅使用

暗甲：铁甲，甲片缀于面里中间

铠甲铁甲：锁子甲

绵甲：不用甲片，在面里敷棉絮，表面钉甲泡——制作简陋，为一般官兵使用

明甲和暗甲其实都是铁甲，甲片露于表面的称"明甲"，甲片缀于面里中间的称"暗甲"，也就是元、明时期的布面甲（图17-2、图17-3）。铁甲则单指锁子甲，绵甲仍如明代，不用甲片，在面里中间敷棉为絮，表面钉甲泡制成（图17-4）。

明、暗甲为帝王贵臣、高级将帅使用，甲面描龙绣凤，制作精美。绵甲是一般职官士兵使用的，制作比较简陋。这些铠甲都只有一种上衣下裳式的形制，这种形制是

图17-2 乾隆皇帝卍字锦甲胄,属暗甲,甲内敷有密密的小钢片,表面钉有金质甲泡(故宫博物院藏)

图17-3 乾隆皇帝大阅甲胄,属明甲,全甲用60万块小钢片编成,故宫博物院藏

图17-4 清代黑织锦琐纹绣蟒战袍,属绵甲,表面钉铜钉,裙膝处成团寿纹,山西省博物馆藏

从明后期的布面甲承继来的。

由于清代的铠甲与前朝大都相异,有些部件为独创,所以名称也不相同。

上身的铠甲称"甲衣",为无领对襟式,有的有袖像上衣,有的无袖像背心;甲衣前胸有护心镜,腹部有前裆,腰左侧衣衩处有左裆,右侧因佩挂箭囊,所以不装右裆;

下面的腿裙称作"甲裳",左右两片,前后分衩(图17-5);

披膊称"护肩";护肩下有护腋;

臂甲称作"甲袖"(下级军官与士兵没有甲袖)。

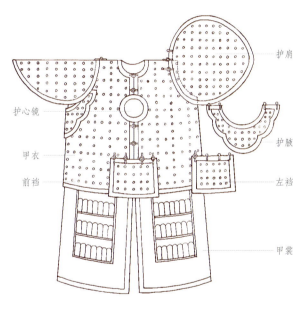

图17-5 清代铠甲各部件名称示意图

锁子甲的制造方法与明代相同,形制如现在的短袖套衫,无甲裳、护肩、护腋、护心镜、前裆、左裆等部件,锁子甲在清代为禁军侍卫所专用(图17-7)。

盔在清代重新改称"胄"。胄分职官胄、随侍胄、兵卒胄几种。

图17-6 乾隆戎装像，身上所服即图17-3的金银珠云龙纹甲胄，故宫博物院藏

职官胄由胄帽、遮眉、舞擎、护领（包括顿项，但面积有所扩大）等部件组成，胄帽分覆碗、盔盘、管柱等几个部分，管柱上垂貂尾等胄饰（总督、巡抚、提督垂貂尾、总兵、副将垂獭尾，参将垂朱犛），管柱顶上插雕翎（总督、巡抚、提督以下不插），其形象参见图17-8、图17-9①。

图17-7 清代锁子甲、胄，河北承德避暑山庄博物馆藏

图17-8 职官胄，据《清会典》图绘制

①普通将校职官胄，《清会典》插图

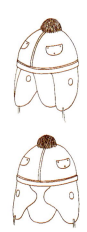

②兵卒胄，上为正面，下为背面，山西省博物馆藏

图 17-9

随侍胄像官帽，顶饰红纬，结顶处嵌珠，有顿项而无护领（图17-10）。这两种胄的顿项、职官胄的护领、随侍胄的胄檐都以绸缎为表里，上绣图案，有的表面还钉银泡。帽体则用铁片或皮革制成。职官胄是将帅武官所用的，随侍胄是皇帝随从侍卫所用的。

兵卒胄顶饰红缨，以铁做胄架，皮革做胄体，左右两侧敷有铁甲片，也有布制顿项，制作比较简单，山西省博物馆收藏有一件实物（图17-9②）。

清代的铠甲穿好以后，像明代一样，在胸部位置用一根丝绳横向束甲，使甲衣贴身。腰带则连同刀剑等兵器束于内层袍服上不露于外，胄用胄带系结颔下（图17-11①②）。

图17-10 随侍胄，据《清会典》图绘制

①福建泉州东岳山出土花岗岩雕施琅像，福建省博物馆藏

②河北遵化清东陵裕陵神道东侧石刻武官像

图 17-11

传统铠甲使用时间最长的是藏甲，吐蕃时期的藏甲已具有民族特色，曾影响过元代的铠甲设计与制造，明清时期藏甲依然保持其特点，一直到20世纪中期，西藏地区仍有专门制造甲胄的工匠，他们制成的甲，仍是最为传统的用甲片编缀而成的铁甲，这种铁甲曾为藏族勇士穿着对抗过手持来福枪的英军入侵者（图17-12）。

图17-12 清代藏甲，西藏自治区博物馆藏

清代中后期铠甲废弃不用以后，戎服成了军队的唯一服饰。

清代的戎服都是满族衣装。清皇朝统一全国后，鉴于辽金等朝易服不坚决，最终都被汉化的历史教训，采取了极其严厉、残酷的手段，强行要求汉民族等剃发、易服，为此引起了全国性的骚乱。

在很可能引起内战、动摇清统治的情况下，清帝接受了明遗臣金之俊提出的"十从十不从"建议，并经过斡旋，终于使这场骚乱逐渐平息下来。山西浑源粟疏美墓前的明代衣冠的石刻像，就是根据"十从十不从"中的"生从死不从"而听任其置立的，这是得到清政府默许的。

清代的武官有朝服、蟒服、补服、行袍等几种服饰。

朝服分冬、夏两种，圆领口、右衽，有象征性的上衣下裳制（在衣袍的腰下部位横向裁开，下片打褶后再缝上），窄袖，袖端装有马蹄袖口，肩上戴披领，冬服的披领和马蹄袖口上镶有紫貂、薰貂等毛皮（图17-13）。

图17-13 绣蟒朝服（传世实物）

蟒服与朝服形制、性质相同，但无象征的上衣下裳制和披领、袍的前后开衩（图17-14①）。这两种服饰都用缎子做表里，片锦镶缘，上绣云蟒图案。两种服饰都不属戎服范围，但在一些特殊的军事活动、场合（如大阅兵、皇帝出行、亲征等）也要使用。

补服如明代的常服，以胸背上的补子区分文武官和品级，其形制为对襟圆领口长袍，窄袖（与朝、蟒服相比袖口要大得多），袖口平直不装马蹄袖（图17-14②）。补服为文武官员平时办公、视事的公事服，使用较多，一般在蟒服、常服外都可以穿用（图17-15）。补子的图案在《清会典》上有图录，故宫等各地博物馆和民间也收藏有很多实物，实物的纹饰看上去比图录更精致、复杂（图17-16）。

①蟒服袍（传世实物），据《清会典》记载，袍服的颜色，蓝及石青诸色（除明黄色外）随用，片锦缘，通绣八蟒

②武一品补服，据《清会典》图绘制

图 17-14

图17-15 《清中兴功臣图像》中贵州按察使世袭骑都尉席宝田像（补服内穿蟒服）

武一品补子，麒麟　　　　武三品补子，豹

武四品补子，虎　　　　武六品补子，彪

图17-16 清代武官补子图案（传世实物）

行袍为武官的戎服,其形制与蟒服相同,但右前膝处衣裾比左侧短一尺,短的一截用纽扣扣于袍上,这是为了骑马时可以卸下,方便右腿行动(图17-17①)。与这种袍服相同、但略长的是常服袍,常服袍的右下裾不脱卸,是日常生活中随意穿着的服饰,有时也可作为戎服使用(图17-17②)。

①行袍,根据《清会典》图绘制

②《清中兴功臣图》中江南寿春总兵骑都尉像。身穿常服袍,腰束战裙

图 17-17

穿行袍和常服袍时,还要穿行褂,即马褂,行褂有点像宋元时期的貉袖,至少是从貉袖演变而来,其形制见图17-18。行褂有单、夹和皮毛等三种,皮毛制的行褂如长与袍服齐则称"端罩",端罩一般为皇帝亲侍和近臣服用(图17-19①②③)。

由于清代的上衣都无衣领,所以在秋冬等季节一般要加围硬领,硬领有的用绸缎,有的用毛皮制成(图17-15、图17-19③)。

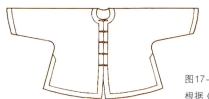

图17-18 行褂,石青色,长与坐齐,袖长及肘,根据《清会典》图绘制

①端罩、缎里,面用毛皮,武一、二品貂皮、蓝缎里。一等侍卫用猞猁狲间镶以豹皮,月白缎里;二等侍卫用红豹皮,素红缎里;三等侍卫黄狐皮、月白缎里;蓝领侍卫与三等侍卫相同

②蒙古外交长村多尔济像,穿行袍、罩行褂形象(据照片绘制)

③《清中兴功臣图》中候选同知夏銮像,穿行袍罩毛皮行褂的形象

图17-19 ②图有无加衣领看不清,③图加有毛皮衣领

清代官服的冠饰与袍服一样,文武相同。

冠饰脱离了以往任何朝代的影响,是特有的样式。与冬、夏服相一致,冠也分为冬、夏两种,习惯上冬冠称"暖帽",夏冠称"凉帽",夏冠中又有吉服冠、常服冠之别。

夏吉服冠像两个倒扣的盆子重叠在一起,冠顶饰有红纬。夏吉服冠去掉上面一层就是夏常服冠,外形与元代的红纬帽基本相同,顶上也有红纬装饰。

冬冠只有一种,用薰貂或黑貂装饰帽檐,红纬结顶。冬、夏冠的冠顶中间都装有金座顶饰,座上镶嵌有顶子和珠宝。制作顶子的材料有红宝石、蓝宝石、青金石、水晶石、砗磲等，顶子材料和顶座上镶嵌的珠宝的优劣是区分官员品级的又一重要标志。在顶座上还插有翎羽，称作"顶戴花翎"。花翎用孔雀尾翎做成，有蓝翎、单眼、双眼、三眼之别。以三眼为最尊贵，清初只有亲王才能戴，中后期对有特殊军功的官员也赐戴。双眼花翎为品级较高的官员所戴，如镇国公、辅国公等，一眼和无眼蓝翎为品级较低的官员、皇帝随侍、王府护卫、京城禁军的武职营官和有一般军功的将士所戴（图17-20①—⑤）。

①清佚名肖像，头上戴的是单眼翎夏吉服冠（此冠顶上没有画红纬，原因不明）

②台北故宫博物院收藏的清文武三品官夏常服冠

③广东大埔县湖寮圩清吴六奇墓出土的鎏金铜冠顶，广东省博物馆藏

④冬吉服冠，录自《清会典》图录

⑤夏常服冠，录自《清会典》图录

图 17-20

清康熙前曾规定，不在京城任职的各级武官一律都不戴花翎，后来因福建提督施琅平定台湾后不愿受爵赏，只要求赐戴花翎而开了先例，以后遇有军功者就经常以此作为赏赐。

清代士兵的戎服则要简单得多，上身穿对襟无领长袖短衫，下身穿中长宽口裤（武官也相同，但要比士兵长些）。上衣外面一般还要罩一件马褂，马褂有前开襟、右衽、长袖和无袖两种，无袖的称作"马甲"，前后左右四面开衩，有的背后不开衩，用不同于面料颜色的布料镶边。在马褂或马甲的前胸后背各缝有一块圆形布，上书士兵的部队番号或领军主帅的姓氏。裤外系束三角形的战裙，这种战裙将官有时候也会使用（图17-17、图17-21）。

图17-21 清军士兵的马褂平面图和穿马褂、马甲的士兵形象，选自《点石斋画报》、《图画日报》

士兵的冠饰有暖帽、凉帽、头巾和毡帽等几种。

暖帽和凉帽的形制与品官基本相同（帽檐与帽顶要比品官略窄、低一些），帽顶也饰红纬，但没有顶子花翎。

巾为束额巾，即包头布，一般包裹头顶于额前打结，这是清军后期士兵最普遍的妆束。毡帽基本如宋元明时期的笠，笠顶上缀有大朵红缨（图17-21）。

清军的军官一般穿靴，士兵穿双梁鞋或如意头鞋。靴有厚底和薄底两种，靴和鞋都是尖头，薄底靴为翘尖。士兵穿鞋时腿上要裹行缠，或用布带将裤口扎紧。有时士兵和将官还穿麻、草鞋（图17-17②、图17-21、图17-22）。

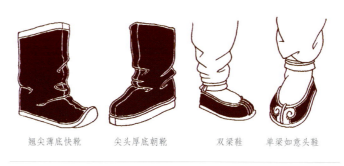

翘尖薄底快靴　　尖头厚底朝靴　　双梁鞋　　单梁如意头鞋

图17-22 清代的靴和鞋，录自《中兴功臣图》、《点石斋画报》、清代版画《北京后门大街市容》

清代的腰带有朝带、吉服带、常服带、行带等几种。带上缀有四块方形的带銙，其中两銙下有銙环，用于佩挂"宫样九件"等饰物，銙上还镶嵌宝石。带鞓不用皮革，而用丝织成，有黄、红、石青、蓝等色，黄色为皇族宗室使用，红色为清帝爱新觉罗一姓专用，其余人等均用石青和蓝鞓。腰带多用钩系接，带钩用金、银、玉、翡翠、铜等名贵材料制成，装饰很华丽（图17-23①②）。武官的腰带一般都附在弓袋、刀剑上，佩戴时一起系上（图17-24）。

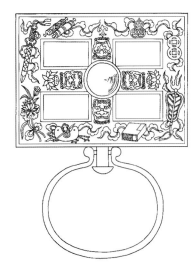

①广东大埔县湖寮圩吴六奇墓出土的铜铐，铜铐中心镶有宝石，四面镌刻着兵书、宝剑、兽面等吉祥图案，广东省博物馆藏

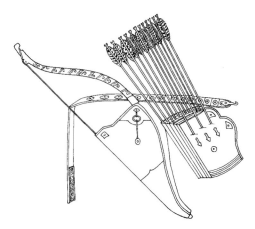

图17-24 职官用弓袋、箭囊和腰带，录自《清会典》

②台北故宫博物院藏清代吉服带和清宫所造白玉带钩

图 17-23

清代的铠甲因为多数是以缎布为面，所以颜色较多。早期的八旗以红、白、黄、蓝为基本色，配上相互错开的四色镶边，组成八旗服色，并根据服色确定旗名（图17-25）。武官九品暗甲、绵甲上还用彩线绣以蟒云和莲花等图案，胄的顿项和护领则随衣甲或用石青色，胄顶髹黑漆。

正黄旗	正蓝旗	正红旗	正白旗
镶黄旗	镶蓝旗	镶红旗	镶白旗

图17-25 清八旗服色，选自《清代宫廷生活》84页，商务印书馆（香港）1985年版

  武官的袍服除常服袍无颜色、图案规定以外，其余如行袍、蟒服、朝服和补服，均用石青或蓝色，尤以石青为多。行褂则按八旗甲衣之色，也有穿明黄色的，这是得到皇帝特赐才能服用的颜色。

士兵的袍服也以石青和蓝色为主，只有马褂和马甲不同，一般以红、蓝、白、黄、褐等色交叉做面和镶边。

束额巾有红、蓝、黑等色，靴和鞋基本都是黑色。

清朝中期，由于久无战事、天下太平，再加上固步自封、闭关自守的封建意识作祟，面对西方资本主义工业飞速发展的严峻形势，居然坚持"骑射乃满洲之根本"的愚蠢政策，放弃对现代科学技术和兵器的研制，使国防力量迅速衰弱。当西方列强的大炮轰开清帝国的大门时，清朝军队几无还手之力。鸦片战争、甲午海战失败以后，中国成了西方的半殖民地，几千年来的文化和科学优势丧失殆尽。在这种情况下，清政府中出现的"洋务派"，倡导按照西方军队的样式编练新军，这些新军的建制和训练、武器和装备、兵种和军服，都参照欧洲各国。新军军服虽然仍掺杂很多旧色戎服，但无疑是中国近代军服的开始。而旧式戎服从历史舞台上完全消失，则是在清皇朝被推翻以后。

附录一　历代铠甲形制图解

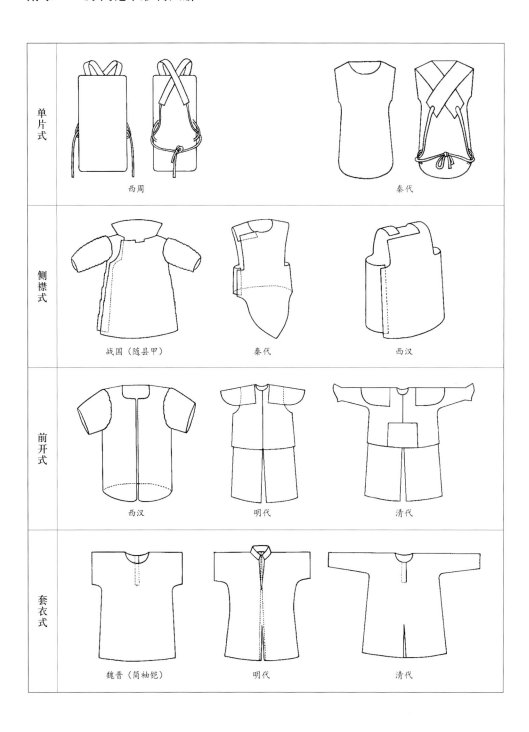

附录二　唐宋时期的甲胄制造技术

唐宋时期生产的铠甲，主要是铁甲。一副铁甲的制造，是相当花费工时的，制造时，大约需要以下几道工序：

首先要把铁制成甲札（甲片），再经过打札、粗磨、穿孔、错穴并裁札、错棱、精磨等工序。将甲札制好以后，再用皮革条编缀成整领铠甲。铠甲里面还要挂衬里，以防止磨损披铠战士的肌体。因此造成一领铠甲，往往需要几十天乃至上百天才能完成。

由于工艺繁杂，所以，在北宋东、西作坊中共分51作，其中与制造铁甲有关的有铁甲作、钉铰作、铁身作、纲甲作、柔甲作、错磨作、鳞子作、钉头牟作、磨头牟作等，加上制造马甲及皮甲等的马甲作、马甲生叶作、漆衣甲作、马甲造熟作、皮甲作，以及打线作、打磨麻线作等，占了很大的比例。

因系手工操作，而一领铠甲又包括几百片或多到千余片甲片，制成后的重量往往有差别，以至于在战士领取了铠甲以后，要清数铁甲叶的数量和称量铠甲的重量，然后分别进行登记。

关于铠甲的型号，据《唐书·马燧传》，当时制造的铠甲，是根据士卒的高矮，分别规定了大、中、小三种尺寸不同的型号，以区别不同对象，按体分型发给，以利于进趋战斗。又因为铠甲重量较大，所以选兵时先要注意到是不是能够"胜举衣甲"，过分尪弱的则予以淘汰。

关于宋代的铁甲仅《宋史·兵志》中保存一些南宋时期的资料。

据《宋史·兵志》，绍兴四年（1134）规定全装甲的总重量是45～50斤，不得超过50斤。甲叶共计1825片，要求内外磨锃，每个部分的甲叶数、分重和每叶甲叶的重量如下：

类 型	叶数（片）	每叶重量（两/叶）	总重量（斤）
披膊	504	0.26	8斤3两4分
甲身	332	0.47	9斤12两4分
腿裙鹘尾	679	0.45	19斤1两5钱5分
兜鍪帘叶	310	0.25	4斤13两5钱

注：①旧制16两为1斤；
②兜鍪子眉子重1斤1两，皮线结头等重5斤12两5钱；
③据记录合起来总重为49斤12两（实际是48斤11两6钱3分）。

稍迟至乾道年间，各部分甲叶的重量都有所减轻，但甲叶的数目则有所增加，这就使铠甲更加精工和细密，并且按不同的兵种设计了铠甲的重量。乾道四年（1168）三月十五日王琪进三色甲，分别有枪手甲、弓箭手甲和弩手甲三种，现将有关数字列表如下：

类 型		枪手甲	弓箭手甲	弩手甲
甲身	甲叶数（片）	1610~1810	1812~1818	1178~1326
	重量（斤）	31斤4两~36斤14两	31斤12两~36斤12两	22斤10两~25斤18两
披膊	甲叶数（片）	1028~1298	646~850	630~836
	重量（斤）	10斤9两4钱~14斤	7斤12两~10斤	7斤8两~9斤8两
头牟	甲叶数（片）	507~674	349~420	355~420
	重量（斤）	9斤~10斤12两	6斤1两~8斤8两	6斤12两~9斤
总量（斤）		53斤8两~58斤1两	47斤12两~55斤	37斤10两~45斤8两

按：原文弓箭手甲，一千八百一十二片，似为一千六百一十二片之误，因三十六斤十二两作一千八百一十八片，每片约三钱二分重，则三十一斤十二两，应作一千六百余片较合适

以上这些甲，都是"皮线穿举"。由这一材料，可以知道当时制造的铠甲，根据不同的部位，甲叶的重量是：甲身的最重，头牟的次之，披膊的最轻。

如以枪手甲为例，甲身每叶约重0.31~0.32两，披膊每叶约重0.17两，头牟每叶约重0.28两，比绍兴四年的全装甲的甲身叶和披膊叶轻得多，仅头牟叶的重量稍重一点。

制造铠甲的工数和费用，据《宋史·兵志》：

> 绍兴三年（1133）提举制造军器所言：以七十工造全装甲一，又长齐头甲每一甲工百四十一，短齐头甲用工七十四。

又朱熹《与曾左司事目札子》讲到了打造"步人弓箭手铁甲"的用工和费用：

> 打造步人弓箭手铁甲，一年以三百日为期，两日一副，昨已打造到一百五十副了毕，申乞迟发继准枢密院札子，检坐元降指挥只令如法椿收，窃缘上件铁甲计用皮铁匠一万八千，工钱五千二百余贯……

可知每副铁甲需用皮铁匠工120人，工钱约三贯半左右。建炎三年（1129）江东漕臣褚宗谔造"明举甲"三千，每副工费"八十缗有奇"。足见当时制造一副铁甲所需的工时和工费是相当可观的。

（摘自杨泓《中国古代的甲胄》下篇，《考古学报》，1976年第2期）

参考文献

[1] 陈群. 中国兵制简史. 北京：军事科学出版社，1989.

[2] 四川省文物管理委员会. 文物考古研究所. 广汉三星堆遗址二号祭祀坑发掘简报. 文物，1989（5）.

[3] 丁乙. 说颊和额带. 考古，1984（10）.

[4] 白荣金. 西周铜甲组合复原. 考古，1988（9）.

[5] 湖北省博物馆. 随县博物馆. 中国社会科学院考古研究所技术室. 湖北随县擂鼓墩一号墓皮甲胄的清理和复原. 考古，1979（6）.

[6] 中国社会科学院考古研究所技术室. 试论东周时代皮甲胄的制作技术. 考古，1984（12）.

[7] 湖南省博物馆. 长沙浏城桥一号墓. 考古学报，1972（1）.

[8] 湖南省文物管理委员会. 长沙出土的三座大型木椁墓. 考古学报，1957（1）.

[9] 荆州地区博物馆. 湖北江陵藤店一号墓发掘简报. 文物，1973（9）.

[10] 湖北省博物馆. 江陵天星观一号楚墓. 考古学报，1982（1）.

[11] 云南省博物馆. 云南江川李家山古墓发掘报告. 考古学报，1975（2）.

[12] 河北省文物管理处. 河北易县燕下都44号墓发掘报告. 考古，1975（4）.

[13] 成东. 钟少异. 中国古代兵器图集. 北京：解放军出版社，1990：83.

[14] 孙机. 洛阳金村出土银着衣人像族属考辨. 考古，1987（6）.

[15] 沈阳故宫博物馆. 沈阳市文物管理办公室. 沈阳郑家洼子青铜时代墓葬. 考古学报，1975（1）.

[16] 田广金. 郭素新. 内蒙古阿鲁柴登发现的匈奴遗物. 考古，1973（3）.

[17] 王仁湘. 带扣略论. 考古，1986（1）.

[18] 秦始皇陵秦俑考古发掘队. 临潼县秦俑坑试掘第一号简报. 文物，1975（11）.
秦始皇陵秦俑考古发掘队. 秦始皇陵东侧第二号兵马俑坑钻探试掘简报. 文物，1978（5）.
秦始皇陵秦俑考古发掘队. 秦始皇陵东侧第三号兵马俑坑清理简报. 文物，1979（12）.

[19] 陕西省考古研究所. 秦始皇兵马俑博物馆. 秦始皇帝陵园考古报告. 北京：科学出版社，2000.

[20] 中国科学院考古研究所洛阳发掘队. 洛阳西郊汉墓发掘报告. 考古学报，1963（2）.

[21] 内蒙古自治区文物工作队. 呼和浩特二十家子古城出土的西汉铁甲. 考古，1975（4）.

[22] 中国科学院考古研究所满城发掘队. 满城汉墓发掘纪要. 考古，1972（1）.

[23] 中国社会科学院考古研究所汉城工作队. 汉长安城武库遗址发掘的初步收获. 考古，1978（4）.

[24] 山东省淄博市博物馆. 临淄区文管所. 中国社会科学院考古研究所技术室. 西汉齐王铁甲胄的复原. 考古，1987（11）.

[25] 中国社会科学院考古研究所技术室. 广州市文物管理委员会. 广州西汉南越王墓出土铁铠甲的复原. 考古，1987（9）.

[26] 中国社会科学院考古研究所. 陕西省西安市北郊汉墓出土铁甲胄复原. 考古，1998（3）.

[27] 陕西省文物管理委员会. 咸阳市博物馆. 陕西省咸阳市杨家湾出土大批西汉彩绘陶俑. 文物，1966（3）.

[28] 徐州市博物馆. 徐州狮子山兵马俑坑第一次发掘简报. 文物，1986（12）.

[29] 吉林省文物工作队. 吉林榆树县老河深鲜卑墓群部分墓葬发掘简报. 文物, 1985（2）.
[30] 周锡保. 中国古代服饰史. 北京：中国戏剧出版社, 1984.
[31] 孙机. 汉代军服上的徽识. 文物, 1988（8）.
[32] 路甬祥主编. 中国传统工艺全集——甲胄复原. 郑州：大象出版社, 2008（9）.
[33] 吴顺青等. 荆门包山2号墓部分遗物的清理与复原. 文物, 1986（5）.
[34] 陕西省考古研究所. 秦始皇兵马俑博物馆. 秦始皇帝陵园考古报告. 北京：科学出版社, 2000.
[35] 辽宁省考古研究所朝阳市博物馆. 朝阳十二台乡砖厂88M1发掘简报. 文物, 1997（11）.
[36] 中国社会科学院考古研究所考古科技实验研究中心. 邺南城出土的北朝铁甲胄. 考古, 1996（11）.
[37] 傅熹年. 关于展子虔《游春图》年代的探讨. 文物, 1978（11）.
[38] 莫涛等. 两年来山西省新发现的古建筑. 文物参考资料, 1954（11）.
[39] 四川省博物馆. 四川广元石刻宋墓清理简报. 文物, 1982（6）.
[40] 四川省文物考古研究所. 成都市文物考古研究所等. 泸县宋墓. 北京：文物出版社, 2004.
[41] 李逸友. 辽代带式考实——从辽陈国公主驸马合葬墓出土的腰带谈起. 文物, 1987（11）.
[42] 张柏忠. 内蒙古通辽县二林场辽墓. 文物, 1985（3）.
[43] 周纬. 中国兵器史稿. 天津：百花文艺出版社, 2006.
[44] 长陵发掘委员会定陵工作队. 定陵试掘简报. 考古, 1959（7）.
[45] 湖北省文物考古研究所. 梁庄王墓. 北京：文物出版社, 2007.